国家出版基金项目
NATIONAL PUBLICATION FOUNDATION

上海高校服务国家重大战略出版工程

秦汉六朝字形谱

第九卷

臧克和 郭 瑞 主编

华东师范大学出版社

# 頁部

## 【頁】

《説文》：頁，頭也。从𦣻从几。古文䭫首如此。凡頁之屬皆从頁。𦣻者，䭫首字也。

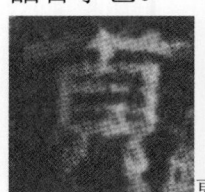
東漢・曹全碑陰

○故市掾高頁顯和千

北魏・寇憑誌

○征虜府司馬楊頁穆長女

北魏・鄭君妻誌

○欣欣頁戴

## 【頭】

《説文》：頭，首也。从頁豆聲。

睡・封診式 69

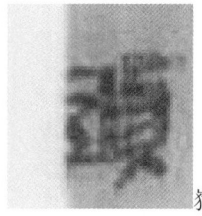
獄・□盜殺安、宜等案 151

○內中頭頸有伐刑痏

馬貳 215_8

○犬頭燔治歙

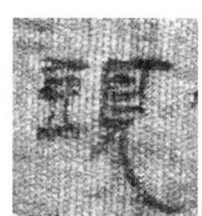
馬貳 69_31/31

張・脈書 14

張・引書 18

敦煌簡 0244B

○叩頭

金關 T23:253B

○叩頭叩頭

金關 T23:206
○叩頭死罪
金關 T23:933
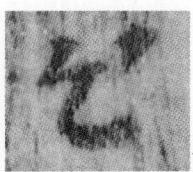東牌樓 048 正
○恐叩頭叩頭□□死
東牌樓 045
魏晉殘紙
○人皆級頭請内
歷代印匋封泥
○安邑工頭
秦代印風

廿世紀璽印三-GP
○邪頭眛宰相
漢印文字徵
漢印文字徵
漢印文字徵
漢代官印選
○岸頭侯印
東漢・乙瑛碑

4152

東漢•禮器碑

北魏•吐谷渾璣誌

北魏•四百人造像

【顔】

《說文》：顔，眉目之閒也。从頁彥聲。

【䫇】

《說文》：䫇，籒文。

睡•法律答問174

〇或黥顔頯爲隸妾或

馬壹109_146\315

〇猶顔子子路

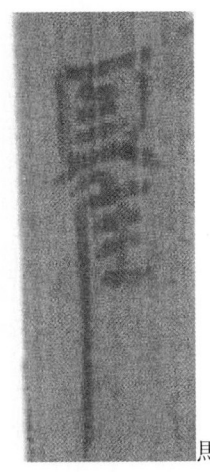馬貳203_8

〇失而顔色鹿（麓）

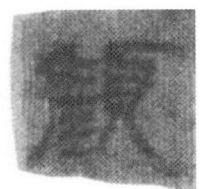馬貳121_6

〇□（顔）

馬貳64_12/46

〇產病顔痛（痛）

張•告律129

〇黥顔頯罪

張•告律135

○黥婢顏顙畀其主

張・脈書 25

○顏痛鼻肌（䖵）

張・脈書 24

銀壹 626

○之顏此諸

東牌樓 007

○亭顏與進雄

吳簡嘉禾・五・七九一

○州吏陳顏

秦代印風

○顏昭

秦代印風

○顏嘉

廿世紀璽印三-SY

○顏音

廿世紀璽印三-SY

○顏延壽印

廿世紀璽印三-SY
○顏惠平

漢印文字徵
○顏哉

漢印文字徵
○顏長公

漢印文字徵
○顏威之印

漢印文字徵
○顏少翁

漢印文字徵
○顏匡里印

漢印文字徵
○顏文

漢印文字徵
○顏周

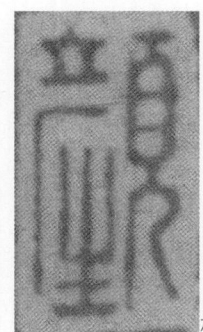
柿葉齋兩漢印萃

○顏延壽

柿葉齋兩漢印萃

○顏革生

廿世紀璽印四-SY

○顏鎮之白事

廿世紀璽印四-SY

○顏文和

廿世紀璽印四-SY

○顏緁白踐

漢晉南北朝印風

○顏湯

漢晉南北朝印風

○顏英私印

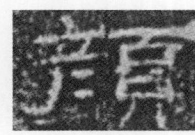
東漢・史晨後碑

東漢・任城王墓黃腸石

○薛顏別

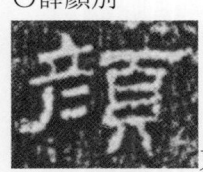
東漢・史晨前碑

東漢・武氏左石室畫像題字

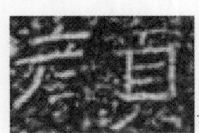
東漢・禮器碑

晉·洛神十三行

○收和顏以靜志兮

北魏·耿壽姬誌

○顏白馬二縣

北魏·穆纂誌

○曾落顏生之盛彩

北魏·元敷誌

○傷慈顏而仰追

北魏·笥景誌

北齊·劉顏淵造像

○清信韋業顏

北齊·斛律昭男誌

北齊·柴季蘭造像

○香木鏤顏

【頌】

《說文》：頌，皃也。从頁公聲。

【額】

《說文》：顡，籀文。

張·奏讞書 76

北貳·老子 159

金關 T21:192

○

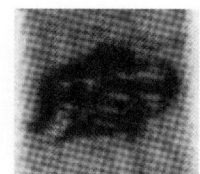武·甲《泰射》4

4157

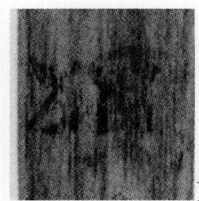東牌樓 041 背
○張頌叩頭再拜

漢印文字徵

漢印文字徵

漢晉南北朝印風

東漢・石門頌

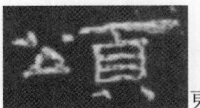東漢・桐柏淮源廟碑
○用作頌其辭曰

東漢・成陽靈臺碑

東漢・司馬芳殘碑額

三國吳・谷朗碑

晉・司馬芳殘碑額

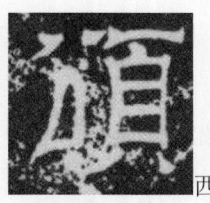西晉・臨辟雍碑額

北魏・元汎略誌

東魏・凝禪寺浮圖碑
○凝禪寺三級浮圖之頌碑

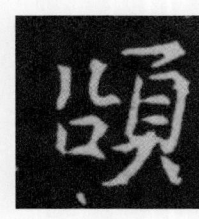東魏・杜文雅造像
○乃頌曰

東魏・凝禪寺浮圖碑
○凝禪寺三級浮圖之頌碑

北齊·感孝頌

北齊·郭顯邕造經記

北齊·西門豹祠堂碑額

【碩】

《説文》：碩，顱也。从頁石聲。

【顱】

《説文》：顱，頢顱，首骨也。从頁盧聲。

【顯】

《説文》：顯，顛頂也。从頁㬎聲。

睡·為吏23

○止欲去顯

里·第八層36

○顯予使

馬壹82_64

○顯王之使勺（趙）

銀壹723

○顯聞

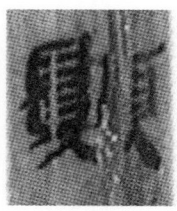銀貳1294

○顯聞有國之大失

敦煌簡2188

○顯君仲辨君爲時

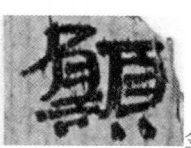金關T10：327A

○毋黍米顯已賈

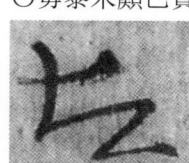金關T30：028A

○顯伏前會

金關T23：692

4159

○顯乞骸骨

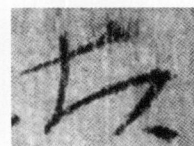
金關 T30∶028A

○顯伏前會

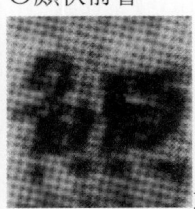
武·儀禮甲《士相見之禮》1

○顯見無由

東牌樓 049 正

○不腹從顯

北壹·倉頡篇 6

○奢插顛顯重

秦代印風

○趙顯

秦代印風

○王顯

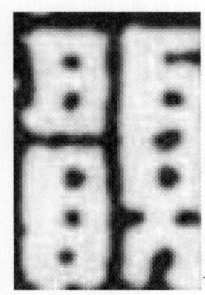
廿世紀璽印三-SY

○封信顯君自發

廿世紀璽印三-SY

○顯君自發印信

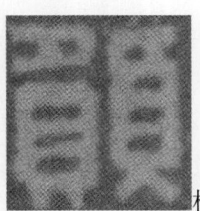
柿葉齋兩漢印萃

○許顯私印

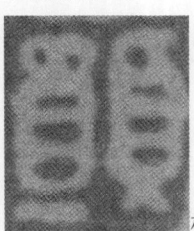
柿葉齋兩漢印萃

○呂顯之印

漢印文字徵

○郭顯

4160

漢印文字徵

○鞫顥之印

漢印文字徵

○李顥

漢印文字徵

○樂顥

漢印文字徵

○景顥

漢印文字徵

○張顥

漢印文字徵

○向顥之印

漢晉南北朝印風

○向顥之印

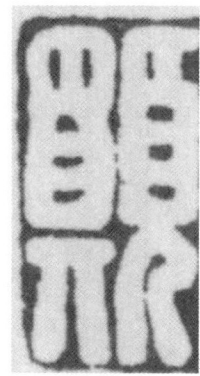
漢晉南北朝印風

○吳顥

漢晉南北朝印風

○雝元君印顯自發封完言信

漢晉南北朝印風

○樂顯

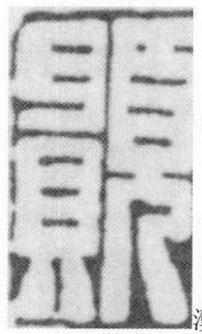
漢晉南北朝印風

○朱顯

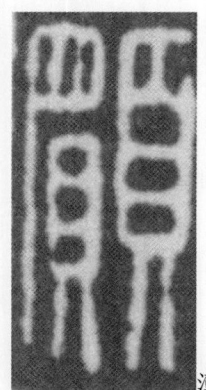
漢晉南北朝印風

○邵顯

東漢・肥致碑

○達情理顯

東漢・石祠堂石柱題記

○顯勿販傷

東漢・史晨後碑

○咸所顯樂

東漢・楊統碑陽

○顯從贖其無由

東漢・夏承碑

○意顯未止

晉・洛神十三行

○顯誠素之先達兮

西晉・成晃碑

○顯其命齊南山

東晉・劉媚子誌

○小女張顒

北魏・趙□造像

○普同斯顒

北魏・張石生造像

○顒皇帝陛下

北魏・蘇胡仁題記

○復顒七世父母

東魏・元悰誌

○懷金顒閑

東魏・高歸彥造像

○所顒法幢常建

北齊・孫旿造像

○顒盡衆生之戒

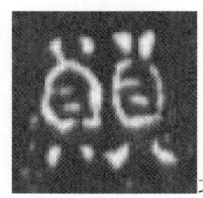北周・觀世音像題記

○先發洪顒

南朝梁・張元造像

○顒三寶□□

## 【顛】

《說文》：顛，頂也。从頁眞聲。

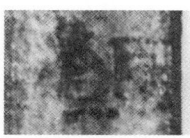敦煌簡 1242

北壹・倉頡篇 6

○叢奢插顛顛

廿世紀璽印二-SP

○大顛

秦代印風

4163

歷代印匋封泥

○寺顛

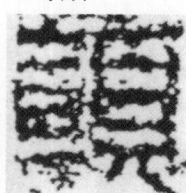
歷代印匋封泥

○大顛

漢印文字徵

漢印文字徵

東漢・景君碑

○大命顛覆

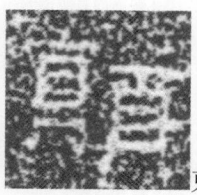
東漢・西狹頌

○數有顛覆實墜之害

東漢・郎中鄭固碑

○隕命顛沛

東漢・永壽元年畫像石闕銘

○斯志顛仆

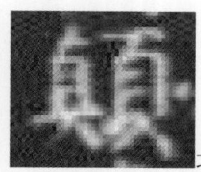
北朝・千佛造像碑

北齊・婁叡誌

【頂】

《説文》：𩒐，顛也。从頁丁聲。

【顶】

《説文》：𩒐，或从𢆳作。

【䭿】

《説文》：䭿，籒文从鼎。

北朝・十六佛名號

東魏·王惠略造像

【顙】

《説文》：顙，頟也。从頁桑聲。

東漢·鮮於璜碑陰
○四夷稽顙
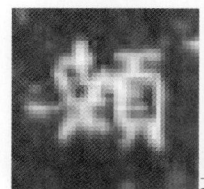
北周·尉遲運誌
○詣闕稽顙

【題】

《説文》：題，頟也。从頁是聲。

馬貳207_46
○使其題堅強而緩事
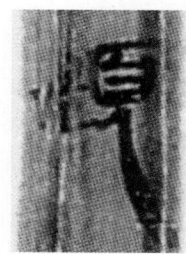
張·賊律28
○宥及題罰金四兩

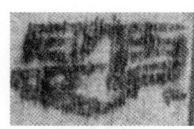
金關 T31:102A

東漢·樊敏碑
○濯冕題剛

三國魏·何晏磚誌
○仲達題寄

北魏·尉氏誌

北魏·吳光誌

北魏·石婉誌
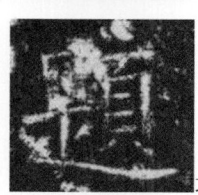
北魏·盧子真夫人誌
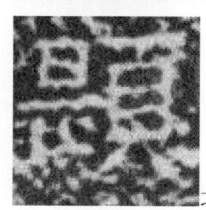
北齊·天柱山銘
○文恭公之所題目

【頟】

《説文》：頟，顙也。从頁各聲。

## 【頞】

《說文》：頞，鼻莖也。从頁安聲。

### 【齃】

《說文》：齃，或从鼻、曷。

### 【頯】

《說文》：頯，權也。从頁𠃒聲。

睡·法律答問 74

睡·日甲《人字》153

馬貳 62_11

張·告律 135

張·賊律 30

### 【頰】

《說文》：頰，面旁也。从頁夾聲。

### 【䫌】

《說文》：䫌，籀文頰。

馬貳 33_2 下

張·引書 81

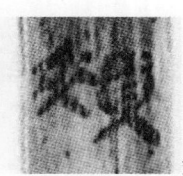
銀貳 2156

○毛靡頰外靡

敦煌簡 0681

○右頰有黑子

東牌樓 147 正

○頰麋眉

北齊·無量義經二
○眉睫紺舒方口頰

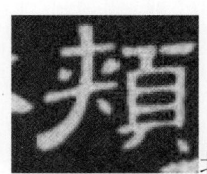北齊·赫連子悅誌
○公緩頰一談

【頯】

《說文》：頯，頰後也。从頁𠃌聲。

【頜】

《說文》：頜，頤也。从頁合聲。

【頤】

《說文》：頤，頜也。从頁𦣝聲。

【頸】

《說文》：頸，頭莖也。从頁巠聲。

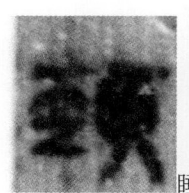睡·封診式 65
○頸旋（還）終在

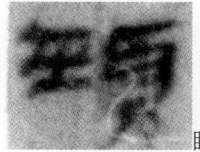睡·日甲《人字》151
○夾頸者貴在足下

睡·日甲《盜者》75

睡·日甲《詰》35

馬壹 77_83

馬貳 33_4下

張·引書 95

銀貳 1145

漢印文字徵

漢晉南北朝印風

東漢・北海太守爲盧氏婦刻石

○刎頸殉之

北齊・報德像碑

○無刎頸之報

北齊・李難勝誌

【領】

《説文》：領，項也。从頁令聲。

漢銘・長安下領宮行鐙

漢銘・長安下領宮高鐙

馬貳 33_4 下

張・脈書 25

敦煌簡 1614

○袍一領直二百八十

金關 T28:104

○襲一領

廿世紀璽印三-GY

漢印文字徵

漢印文字徵

○王領

東漢・鮮於璜碑陰

東漢・祀三公山碑

晉・鄭舒妻劉氏殘誌

三國魏・毋丘儉殘碑

北魏・穆亮誌

北魏・奚智誌

北魏・元詳誌

## 【項】

《說文》：項，頭後也。从頁工聲。

漢銘・項伯鍾

漢銘・項伯鍾

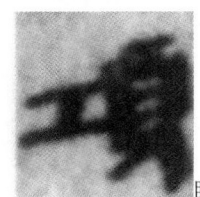
睡・法律答問 75

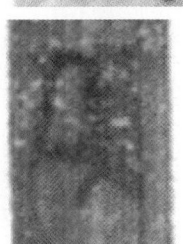
獄・占夢書 22

馬貳 62_3

張・脈書 19

4169

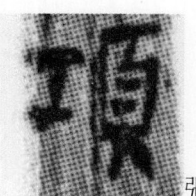
張・引書 100

漢印文字徵

漢印文字徵

柿葉齋兩漢印萃

東漢・禮器碑

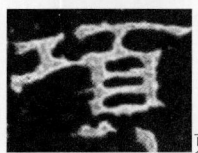
東漢・楊震碑

北魏・元延明誌

北魏・元略誌

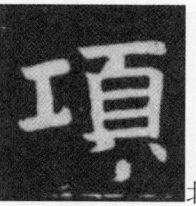
北齊・無量義經二

【頏】

《說文》：頏，項枕也。从頁亢聲。

【頠】

《說文》：頠，出額也。从頁佳聲。

秦代印風
○史頠

漢印文字徵
○史頠

【頿】

《說文》：頿，曲頤也。从頁不聲。

【顩】

《說文》：顩，齞皃。从頁僉聲。

【頵】

《說文》：頵，面目不正皃。从頁尹聲。

【頯】

《説文》：頵，頭頵頵大也。从頁君聲。

東漢・向壽碑

○去吏董頵家

三國魏・三體石經春秋・隸書

○君頵公孫敖如齊

三國魏・三體石經春秋・篆文

○君頵公孫敖如齊

三國魏・三體石經春秋・古文

○君頵公孫皋(敖)如齊

【頢】

《説文》：頢，面色頢頢兒。从頁員聲。讀若隕。

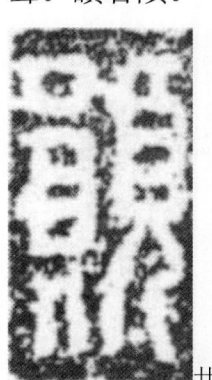
廿世紀璽印三-SY

○張頢

【顩】

《説文》：顩，頭頰長也。从頁兼聲。

【碩】

《説文》：碩，頭大也。从頁石聲。

吳簡嘉禾・五・一二八

○烝碩佃田十四町

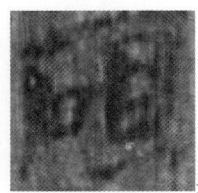
吳簡嘉禾・五・五八九

○馮碩佃田八町凡

秦代印風

○臣碩

漢印文字徵

4171

漢印文字徵

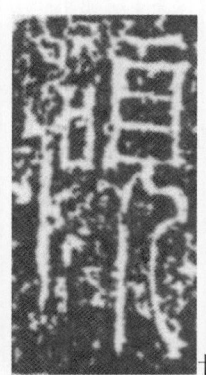
廿世紀璽印四-SY

廿世紀璽印四-SY

漢晉南北朝印風
○劉碩名印

漢晉南北朝印風
○高碩

石鼓·鑾車

東漢·東漢·魯峻碑陽

東漢·桐柏淮源廟碑

北魏·薛伯徽誌
○始徽音孔碩其詞曰

北魏·康健誌

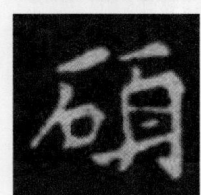
北魏·韓顯宗誌

【頒】

《説文》：頒，大頭也。从頁分聲。一曰鬢也。《詩》曰："有頒其首。"

敦煌簡 0081

○已著頒賞不足宜勉

北魏·劉阿素誌

○前太原太守劉頒

南朝宋·明曇憘誌

○位頒郎戟

【顒】

《説文》：顒，大頭也。从頁禺聲。《詩》曰："其大有顒。"

東魏·杜文雅造像

○捐金弗愛致敬顒顒

東魏·杜文雅造像

○捐金弗愛致敬顒顒

北齊·張思伯造浮圖記

○子顯供養主

【顈】

《説文》：顈，大頭也。从頁羔聲。

秦文字編 1387

北壹·倉頡篇 46

○榣奮光顈豫録

【顝】

《説文》：顝，大頭也。从頁骨聲。讀若魁。

漢印文字徵

○段顝

【願】

《説文》：願，大頭也。从頁原聲。

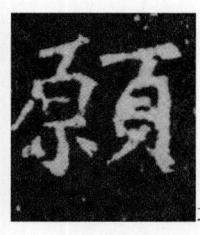
北魏・萬福榮造像

○並願一切兄弟

北周・楊連熙造像

○願皇帝陛下永隆福祚

【顤】

《說文》：顤，高長頭。从頁堯聲。

【顡】

《說文》：顡，顡顤，高也。从頁敖聲。

【頟】

《說文》：頟，面前岳岳也。从頁岳聲。

【䫲】

《說文》：䫲，昧前也。从頁冞聲。讀若昧。

【䫞】

《說文》：䫞，面瘦淺䫞䫞也。从頁霝聲。

【䫛】

《說文》：䫛，頭蔽䫛也。从頁豦聲。

【頑】

《說文》：頑，梮頭也。从頁元聲。

北壹・倉頡篇 31

○頑祐械師

秦代印風

○□頑

東漢・立朝等字殘碑

○砥鈍厲頑

東漢・朝侯小子殘碑

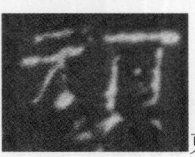
東漢・劉熊碑

○賞進勸頑

北魏・元襲誌

【䫫】

4174

《說文》：𩑶，小頭𩑶𩑶也。从頁枝聲。讀若規。

【顆】

《說文》：顆，小頭也。从頁果聲。

秦代印風
○南顆

漢印文字徵
○南顆

北魏·嵩高靈廟碑
○幽顆玄通

【頢】

《說文》：頢，短面也。从頁𠯑聲。

【頲】

《說文》：頲，狹頭頲也。从頁廷聲。

【頎】

《說文》：頎，頭閑習也。从頁危聲。

北齊·崔頎誌
○君諱頎

【頷】

《說文》：頷，面黃也。从頁含聲。

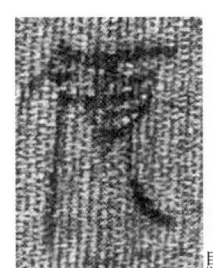
馬貳64_15/49
○主治其所產病頷痛

【顟】

《說文》：顟，面不正也。从頁爰聲。

【頍】

《說文》：頍，舉頭也。从頁支聲。《詩》曰："有頍者弁。"

【頞】

《說文》：頞，內頭水中也。从頁、叟，叟亦聲。

【顧】

《說文》：顧，還視也。从頁雇聲。

睡·法律答問 89
○毆者顧折齒可

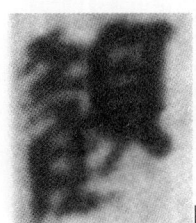
睡·日甲《行》130
○大顧是胃(謂)

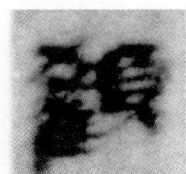
睡·日書甲種《毀弃》114
○顧門成之

獄·為吏 41
○怒必顧吏有五過

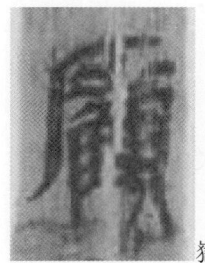
獄·芮盜案 75
○方前顧(雇)芮

馬壹 92_289
○王出顧危對

馬貳 142_34
○歸勿顧

張·蓋盧 41
○使毋顧適(敵)

金關 T09∶086
○公乘顧賀年廿二

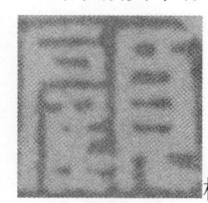
柿葉齋兩漢印萃

漢印文字徵
○顧奢之印

漢印文字徵

東漢·靜仁等字殘碑

東漢·漢建安殘石
○文號張顧

東漢·鮮於璜碑陰
○朝無顧憂

十六國北涼·沮渠安周造像
○顧塵海之飄滛

北魏·盧令媛誌
○空嗟徊顧

北魏·元弼誌
○顧眄生規

北魏·趙廣者誌
○金苞扱日令周□顧月

東魏·元寶建誌

東魏·蔡儁斷碑

北周·李府君妻祖氏誌
○顧史論詩

【順】

《說文》：⟪順⟫，理也。从頁从巛。

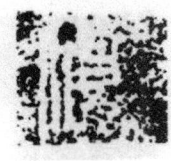
漢銘·上林共府升

漢銘·弘農宮銅方鑪

睡·日甲《除》3

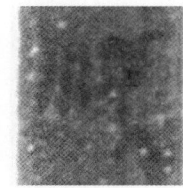
獄・占夢書 2

里・第八層背 1516

馬壹 246_3 欄

馬壹 126_56 上

馬貳 205_25

張・奏讞書 203

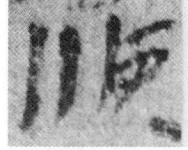
敦煌簡 2401A
〇勃順叩頭言

金關 T24:516A

金關 T31:074

武・甲《特牲》47

廿世紀璽印三-SY

廿世紀璽印三-SY

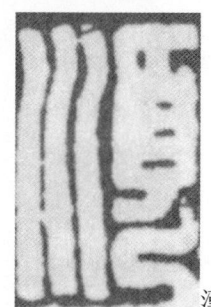
漢晉南北朝印風

漢晉南北朝印風

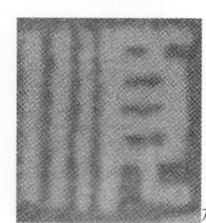
柿葉齋兩漢印萃

漢印文字徵

漢代官印選

柿葉齋兩漢印萃

漢印文字徵

○水順副貳印

漢印文字徵

○陳順

漢印文字徵

○史順之印

漢印文字徵

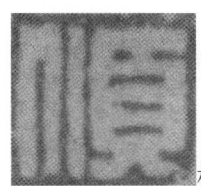
柿葉齋兩漢印萃

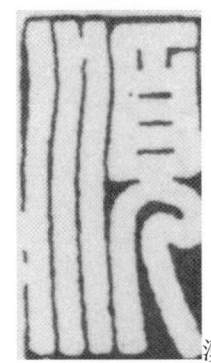
漢晉南北朝印風

漢晉南北朝印風

○李順私印

漢晉南北朝印風

漢晉南北朝印風

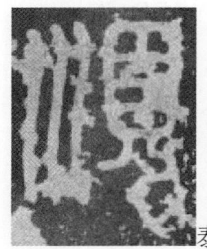泰山刻石

東漢·桐柏淮源廟碑

東漢·肥致碑

東漢·熹平石經殘石四

東漢·永壽元年畫像石墓記

北魏·元簡妃誌蓋
○太保齊郡順王常妃誌銘

北魏·元偃誌
○敏以敬謹曰順侯

北魏·穆亮誌
○履順開祉

北魏·元新成妃李氏誌

東魏·張玉憐誌
○婉順見美

北齊·庫狄迴洛誌蓋
○齊故定州刺史太尉公庫狄順陽王墓銘

【顝】

《說文》：顝，顏色顝䫎，懼事也。從頁參聲。

【䫎】

《說文》：䫎，顝䫎也。從頁粦聲。一曰頭少髮。

【顠】

《說文》：顠，頭顠顠謹皃。從頁尚聲。

北壹·倉頡篇46
○顠顠頊祝

東漢・曹全碑陽

北魏・趙廣者誌

北周・韋彪誌

## 【項】

《説文》：項，頭頸項謹兒。从頁玉聲。

北壹・倉頡篇 46

○顥顥項祝

北魏・趙廣者誌

北魏・元項誌

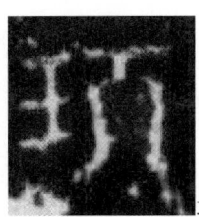
北齊・西門豹祠堂碑

北周・若干雲誌

## 【頷】

《説文》：頷，低頭也。从頁金聲。
《春秋傳》曰："迎于門，頷之而已。"

## 【頓】

《説文》：頓，下首也。从頁屯聲。

銀貳 1139

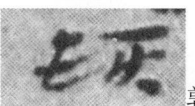
敦煌簡 1853

○隧長頓康

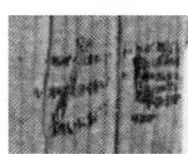
金關 T04∶137

○福某頓首

東牌樓 035 正

○子侈頓首再拜

魏晉殘紙

○頓首

4181

魏晉殘紙
○頓首
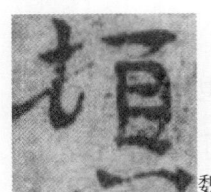
魏晉殘紙
○頓首

廿世紀璽印三-GP
○南頓

漢印文字徵
○頓昌

漢印文字徵
○頓慶私印

漢印文字徵
○頓事私印

漢印文字徵
○頓席

漢印文字徵
○頓戌之印

漢印文字徵
○南頓令印

漢印文字徵
○頓慶之印
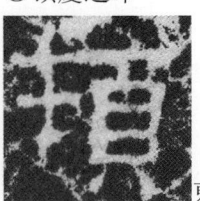
東漢・熹平石經殘石一
○頓子沈子□

東漢・史晨前碑
○臣晨頓首頓首

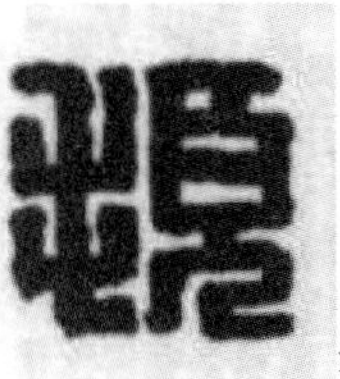

東漢・西岳華山廟碑陽

東漢・石祠堂石柱題記

北魏・嚴震誌

○頓駕長春

北魏・楊舒誌

北魏・元汎略誌

○應德之頓（規）已立

北魏・元愔誌

北魏・穆亮誌

○頓丘郡開國公

東魏・趙氏妻姜氏誌

【頯】

《説文》：頯，低頭也。从頁，逃省。太史卜書，頯仰字如此。楊雄曰：人面頯。

【俛】

《説文》：俛，頯或从人、免。

北壹・倉頡篇41

○頯壞螾虩

廿世紀璽印三-SP

○俛

廿世紀璽印三-SY

○魏俛

北魏·張孃誌

○俛仰可觀

北魏·張宜誌

○俛仰從命

北齊·宋靈媛誌

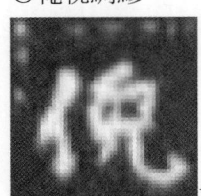

○懼俛綢繆

北周·乙弗紹誌

○僶俛從事

## 【䫌】

《說文》：䫌，舉目視人皃。从頁臣聲。

## 【䫡】

《說文》：䫡，倨視人也。从頁善聲。

## 【頡】

《說文》：頡，直項也。从頁吉聲。

獄·識劫案 125

里·第八層 1069

里·第八層背 529

○小六頡冊弩

馬貳 114_95/95

○螻者頡蠪

敦煌簡 1975B

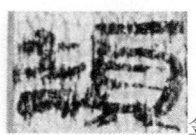

金關 T06：111A

○教蒼頡作書

吳簡嘉禾·四·三二九

秦代印風

○任頡

漢印文字徵

漢印文字徵

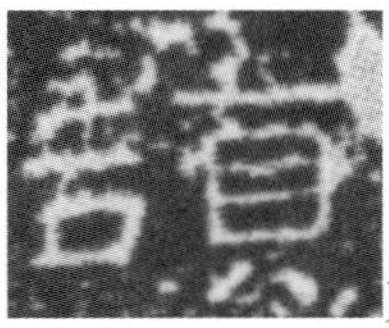
東漢・張遷碑陽

東漢・西岳華山廟碑陽

東漢・倉頡廟碑

○蒼頡

東魏・趙紹誌

北齊・婁黑女誌

## 【䪅】

《説文》：䪅，頭頡䪅也。从頁出聲。讀又若骨。

## 【顥】

《説文》：顥，白皃。从頁从景。《楚詞》曰："天白顥顥。"南山四顥，白首人也。

漢印文字徵

○劉顥

漢晉南北朝印風

○朱顥印信

北魏・爾朱襲誌

北魏・穆彥誌

東魏・元均及妻杜氏誌

北齊・元洪敬誌

○之梗撲滅元顥邢杲之寇自茲

【頻】

《說文》：頻，大醜兒。從頁樊聲。

【頸】

《說文》：頸，好兒。從頁爭聲。《詩》所謂"頸首"。

【頨】

《說文》：頨，頭妍也。從頁，翩省聲。讀若翩。

【顗】

《說文》：顗，謹莊兒。從頁豈聲。

北壹・倉頡篇62

○冶容鑲顗視□

吳簡嘉禾・四・二五三

漢印文字徵

漢晉南北朝印風

東漢・孔宙碑陰

○門生北海劇薛顥

北魏・元項誌

北魏・馮迎男誌

北齊・袁月璣誌

【顅】

《說文》：顅，頭鬢少髮也。從頁肩聲。《周禮》："數目顅脰。"

【顲】

《說文》：顲，無髮也。一曰耳門也。從頁困聲。

## 【頜】

《說文》：頜，禿也。从頁气聲。

秦代印風

○頜印

## 【頼】

《說文》：頼，頭不正也。从頁从耒。耒，頭傾也。讀又若《春秋》陳夏齧之齧。

馬壹 93_325

○心夫頼然

秦代印風

○張頼

漢印文字徵

○張頼

漢晉南北朝印風

○張頼

## 【䫌】

《說文》：䫌，傾首也。从頁卑聲。

## 【頛】

《說文》：頛，司人也。一曰恐也。从頁㓞聲。讀若禊。

## 【䰎】

《說文》：䰎，頭不正也。从頁鬼聲。

## 【頗】

《說文》：頗，頭偏也。从頁皮聲。

張·錢律 208

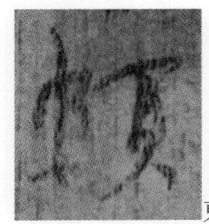

東牌樓 055 背

〇聞言頗差

北壹・倉頡篇 69

〇錐頗科樹

秦代印風

廿世紀璽印三-SY

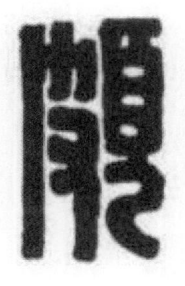

漢印文字徵

漢晉南北朝印風

北魏・元茂誌

北魏・元弼誌

【煩】

《說文》：煩，顫也。从頁尤聲。

【疣】

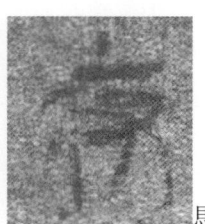

《說文》：疣，煩或从疒。

馬貳 91_459/449

〇人馬煩(疣)=

【顫】

《說文》：顫，頭不正也。从頁亶聲。

張・引書 90

〇左手指無（撫）顫而力引之

北壹・倉頡篇 10

〇顫顫觭贏

4188

秦代印風

○楊顫

秦代印風

○顫里典

漢印文字徵

○任顫

漢印文字徵

○薦顫

【𩑱】

《説文》：𩑱，飯不飽，面黃起行也。从頁咸聲。讀若戇。

【顲】

《説文》：顲，面顲顲皃。从頁毚聲。

【煩】

《説文》：煩，熱頭痛也。从頁从火。

一曰焚省聲。

睡·為吏 13

睡·日甲《病》75

里·第八層 63

馬壹 78_88

馬貳 63_25

張·脈書 38

銀壹 879

敦煌簡 2257
○入塞煩一責新舉二

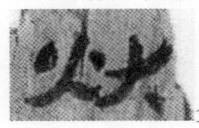

金關 T24:707
○□煩充

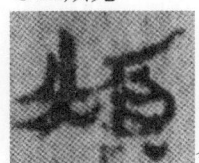

金關 T26:065

武·日忌木簡丙 6

東牌樓 068 背
○任煩内他復設是

廿世紀璽印二-SY

漢印文字徵
○王泆煩

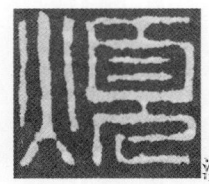

漢代官印選

東漢·張遷碑陽

東漢·鮮於璜碑陽
○在師不煩

東漢·禮器碑

北魏·元茂誌

北魏·□伯超誌

北齊·道俗邑人造像
○像主宋煩業

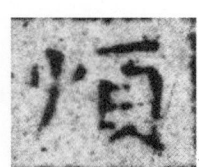

北周·陳歲造像
○永垂煩惱

【顥】

《說文》：顥，癡，不聰明也。从頁
豪聲。

張·脈書 5
○身顥然

北壹·倉頡篇65

〇舜禹湯頱印

秦代印風

〇頱

秦代印風

〇任頱

漢印文字徵

〇頱

漢印文字徵

〇公頱加印

十六國前秦·鄧艾祠堂碑

〇夷頱十二種

【頪】

《說文》：頪，難曉也。从頁、米。一曰鮮白皃。从粉省。

【顤】

《說文》：顤，顤顩也。从頁焦聲。

北周·寇嶠妻誌

〇顤顩累年

【顩】

《說文》：顩，顤顩也。从頁卒聲。

北壹·倉頡篇32

東漢·朝侯小子殘碑

北周·寇嶠妻誌

【顐】

《說文》：顐，繫頭殟也。从頁昏聲。

北壹·倉頡篇70

〇嫩顐娑孈

【頰】

《說文》：𩔖，醜也。从頁亥聲。

秦代印風

○陰頯

【頎】

《說文》：頎，醜也。从頁其聲。今逐疫有頎頭。

【籲】

《說文》：籲，呼也。从頁籥聲。讀與籥同。《商書》曰："率籲眾戚。"

【顯】

《說文》：顯，頭明飾也。从頁㬎聲。

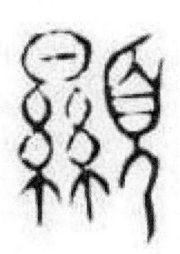

春晚·秦公鎛

春晚·秦公簋

睡·法律答問 191

○宦者顯大夫

獄·同、顯盜殺人案 147

○得同顯同

里·第八層 764

○稟人顯出稟貲貧士

馬壹 81_45

馬壹 43_35 上

銀貳 1460

敦煌簡 1392B

○券隧顯明

金關 T24:245

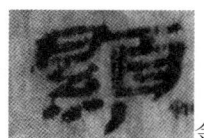

金關 T31:064

東牌樓 090

○掾張顯

廿世紀璽印三-SY

歷代印匋封泥

歷代印匋封泥

○四顯

漢印文字徵

○留顯信印

漢印文字徵

○顯美里附城

柿葉齋兩漢印萃

漢印文字徵

○秦顯

漢晉南北朝印風

4193

漢晉南北朝印風

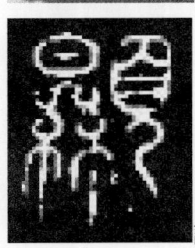

詛楚文・沈湫
○告于不顯大神

東漢・孔宙碑陰
○門生東郡樂平桑顯

東漢・三老諱字忌日刻石
○欽顯後嗣

東漢・公乘田魴畫像石墓題記
○大道東高顯冢塋

東漢・孔宙碑陽
○於顯我君

東漢・楊統碑陽
○功顯不伐

東漢・崔顯人墓磚
○彭城水丞崔顯

東漢・譙敏碑
○令名顯揚

東漢・嗚咽泉畫像石墓題記
○貴顯

北魏・嵩顯寺碑額
○敕賜嵩顯禪寺碑記

【頯】

《説文》：𩑋，選具也。从二頁。

【預】

《説文》：預，安也。案：經典通用豫。从頁，未詳。

東晉・宋和之誌
○次子預之

北魏・耿壽姬誌
○寢疾不預

北魏・張正子父母鎮石

東魏・李祈年誌

北齊・高僧護誌

北齊・薛懷儁誌

〖頌〗

廿世紀璽印二-SP
○頌

〖湏〗

孔・盜日 375
○盜者曲身而湏（邪）行

〖頎〗

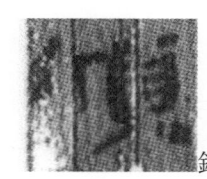

銀貳 1925
○三則頎（凱）風

敦煌簡 0639A
○嬰程頎樛平梁賢尹

吳簡嘉禾・四・一〇二

秦代印風

廿世紀璽印三-SY
○臣頎

4195

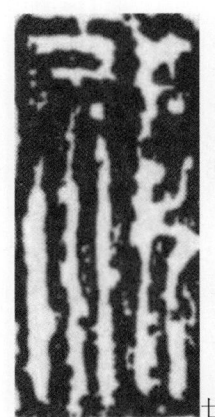

廿世紀璽印三-SY

〇劉頙

漢印文字徵

東漢・楊著碑額

【頕】

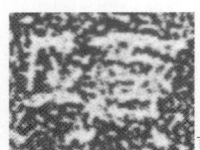

東漢・郎中鄭固碑

【頴】

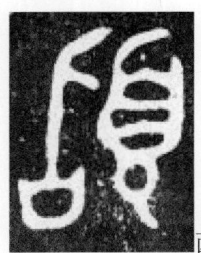

西晚・不其簋

〇拜頴

【纍】

獄・識劫案 136

〇城旦纍足

【顥】

北魏・馮迎男誌

〇如可顥兮

【頯】

銀貳 1554

〇舟頯（毅）津示民

漢印文字徵

〇馮頯

【頻】

馬貳 141_1

〇問幼頻曰三我欲埴

4196

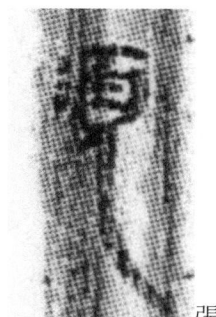

張・秩律 443

○頻陽

金關 T01:001

○額胸頻狀

東牌樓 012

○荊南頻遇軍寇租芻

歷代印匋封泥

○頻陽工處

漢晉南北朝印風

漢代官印選

漢印文字徵

漢印文字徵

東漢・尚博殘碑

東漢・華岳廟殘碑陰

東漢・倉頡廟碑側

北魏・元茂誌

北魏・元茂誌

北魏・元順誌

北魏・元舉誌

○頻丁二憂

北魏・馮季華誌

○六箇頻頻

北齊・元洪敬誌

○頻降朝旨

北齊・赫連子悅誌

〖頯〗

武・王杖 7

○頯部游徼

〖頮〗

北魏・元寧誌

○千載不頮（頮）

〖額〗

金關 T01：001

○常戚額胸頻狀

東漢・鮮于璜碑陽

○娥娥厥額

北齊・報德像碑

○爛額於車下

北齊・雲榮誌

〖頞〗

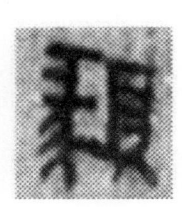

秦文字編 1390

秦文字編 1390

〖顆〗

北齊・赫連子悅誌

○顆猶畫一

4198

## 【䉫】

春早・秦公鎛

○䉫(眉)壽

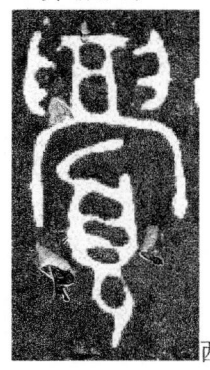

西晚・不其簋

○䉫(眉)壽

秦公大墓石磬

○䉫壽無疆

# 百部

## 【百】

《說文》：百，頭也。象形。凡百之屬皆从百。

## 【䐔】

《說文》：䐔，面和也。从百从肉。讀若柔。

# 面部

## 【面】

《說文》：面，顏前也。从百，象人面形。凡面之屬皆从面。

睡・法律答問 204

睡・日甲《盜者》69

嶽・猩、敞知盜分贓案 58

里・第八層 1284

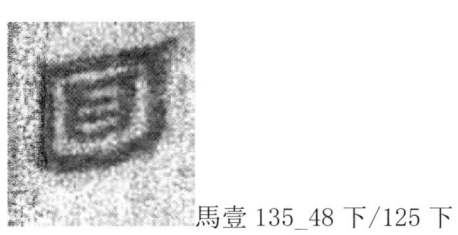

馬壹 135_48 下/125 下

馬壹 91_272

馬壹 82_68

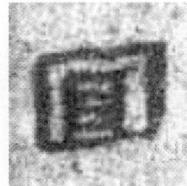

馬壹 36_32 上

馬貳 33_15 下

張·脈書 13

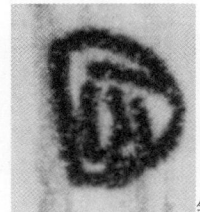

銀壹 811

敦煌簡 1589

武·儀禮甲《士相見之禮》12

武·甲《特牲》43

武·甲《少牢》44

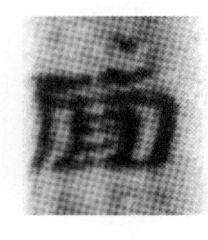

武·甲《有司》20

武·甲《泰射》9

東牌樓 050 背

○背面

魏晉殘紙

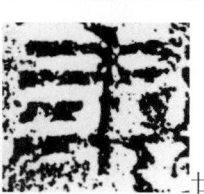

廿世紀璽印三-GP

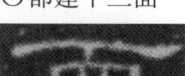

○都建平三面

東漢·曹全碑陽

東漢・熹平石經殘石四

東漢・西狹頌

西漢・石墻村刻石
○造治南面者

西漢・石墻村刻石
○東面堂□

西晉・臨辟雍碑
○革面款附

西晉・裴祇誌
○夫人柩之北甬東面

北魏・元彧誌

北魏・侯剛誌

西魏・杜魯清造像
○西面象主

北齊・無量義經二
○脩面門開

北齊・嚴□順兄弟造像
○敬造龍華四面龕像

【靦】

《說文》：靦，面見也。從面、見，見亦聲。《詩》曰："有靦面目。"

【䩉】

《說文》：䩉，或從旦。

【䩘】

《說文》：䩘，頰也。從面甫聲。

【䫵】

《說文》：䫵，面焦枯小也。從面、焦。

【靨】

《說文》：靨，姿也。从面厭聲。

【䣊】

秦文字編 1391

# 丏部

【丏】

《說文》：丏，不見也。象雍蔽之形。凡丏之屬皆从丏。

# 首部

【𩠐（首）】

《說文》：𩠐，百同。古文百也。巛象髮，謂之鬊，鬊卽巛也。凡𩠐之屬皆从𩠐。

戰晚·左樂兩詔鈞權

西晚·不其簋

西晚·不其簋

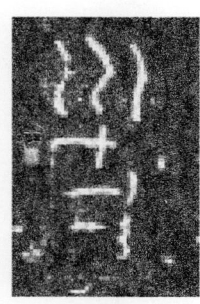

戰中·商鞅量

秦代·始皇詔銅橢量二

秦代·始皇詔銅權二

秦代·始皇詔銅權三

秦代·始皇詔銅權十

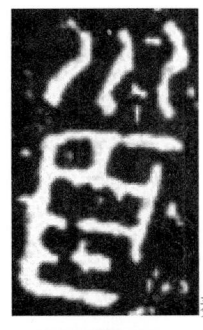

秦代·始皇十六斤銅權二

秦代·始皇十六斤銅權四

秦代·大騩銅權

秦代·北私府銅橢量

秦代·始皇詔銅方升一

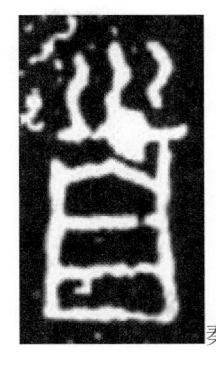

秦代·始皇詔銅橢量四

睡·封診式 25

睡·日甲《詰》41

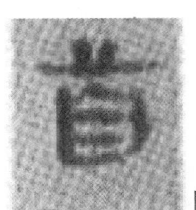

關·日書 146

獄·為吏 86

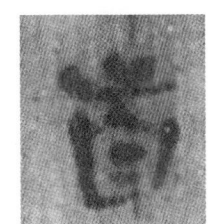

里·第八層 183

第九卷

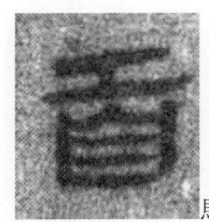

馬壹 137_59 下/136 下

馬壹 12_69 下

馬貳 32_3 上

○顯首後又（有）

馬貳 279_233/32

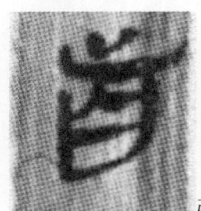

張・奏讞書 143

張・蓋盧 2

張・引書 99

銀貳 1749

北貳・老子 4

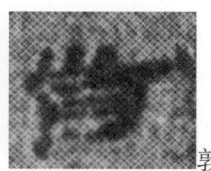

敦煌簡 2056

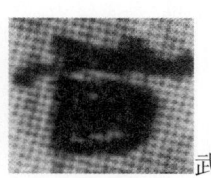

武・儀禮甲《士相見之禮》13

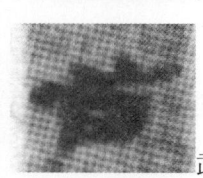

武・儀禮甲《服傳》60

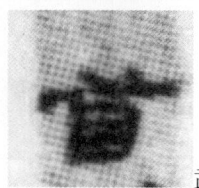

武・甲《特牲》36

武・甲《少牢》33

4204

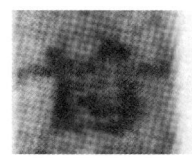

武・甲本《燕禮》18

武・甲《泰射》25

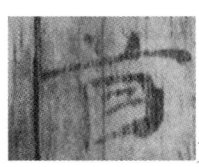

東牌樓 035 正

魏晉殘紙

魏晉殘紙

廿世紀璽印三-GP
〇黔首大安

漢印文字徵
〇黄青首

東漢・朝侯小子殘碑
〇以君爲首

東漢・乙瑛碑

東漢・史晨前碑

東漢・史晨前碑

東漢・樊敏碑
〇體蹈箕首

三國魏・王基斷碑
〇斬首萬計

西晉・臨辟雍碑
〇常爲稱首

北魏・元子直誌
〇歸軒東首

北魏・元楨誌

4205

北魏·元颺誌

北魏·元龍誌

北齊·無量義經二

○俱共稽首咸歸命

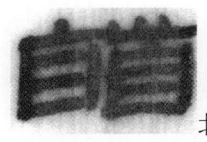

【䛠（䛠）】

《說文》：䛠，下首也。从𦣻旨聲。

北壹·倉頡篇13

○錯䛠津邬

【𣂑】

《說文》：𣂑，斷也。从𦣻从斷。

【剸】

《說文》：剸，或从刀專聲。

馬壹113_49\400

○剸（專）授之不吾（悟）者也

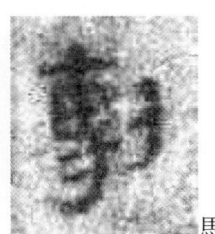

馬壹37_34下

○此以剸（𣂑）名孰能及之

銀壹324

○得主剸（專）制

銀貳1532

○所以剸（專）也員圓

# 県部

【県】

《說文》：県，到首也。賈侍中說：此斷首到縣県字。凡県之屬皆从県。

【縣】

《說文》：縣，繫也。从系持県。

秦文字編1394

漢銘·萬年縣官斗

漢銘·元初二年鐵

睡·語書 1

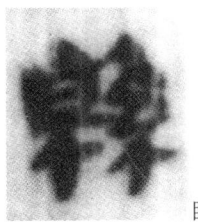

睡·語書 8

睡·秦律十八種 118

睡·秦律十八種 16

睡·秦律十八種 121

睡·效律 30

睡·效律 49

睡·法律答問 144

睡·日書甲種《詰》66

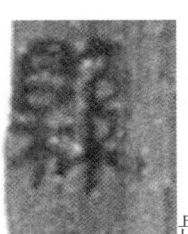

岳·為吏治官及黔首 62

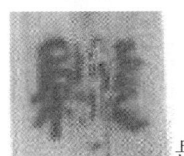

岳·□盜殺安、宜等案 153

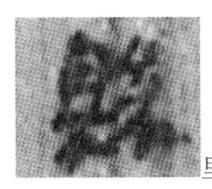

里·第八層 1844

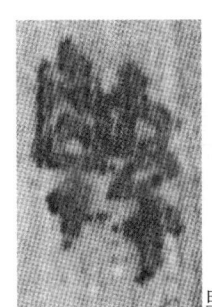

里·第八層 1083

第九卷

里·第八層 1034

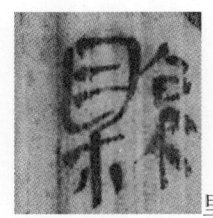

里·第八層 122

里·第八層 757

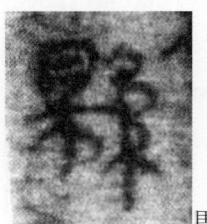

馬壹 90_250

馬壹 85_127

馬·帛書貳 74-120

張·金布律 421

張·田律 241

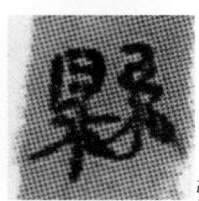

張·具律 104

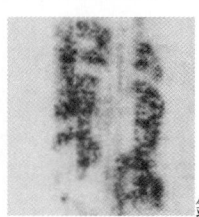

銀壹 976

○出於縣部界□

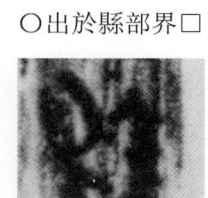

銀壹 834

○大縣七十乘

孔·直室門 276

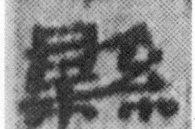

敦煌簡 2146

敦煌簡 1290

居・EPT6.81
○月祿縣絮二斤

居・EPT40.206

居・EPF22.200
○放以縣官馬

居・EPT68.34

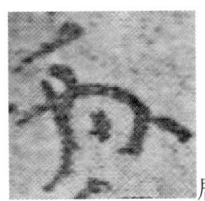

居・EPF22.186
○永以縣官事行警檄

居・EPF22.153A

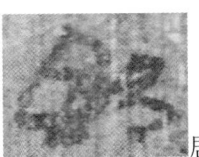

居・EPT53.71B
○居延縣以郵亭行

居・EPT52.339

金關 T32:003

金關 T23:994A
○錢不縣得毋煩□□

東牌樓 058 背
○下到縣得無異但延

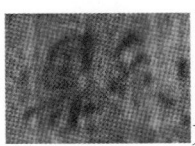

東牌樓 005
○昔縣民前不處年

北壹・倉頡篇 53
○宇邑里縣鄙封

吳簡嘉禾・五・四五八

吳簡嘉禾・四・二一

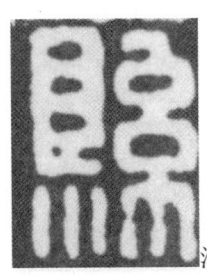

漢晉南北朝印風

漢晉南北朝印風

柿葉齋兩漢印萃

漢印文字徵

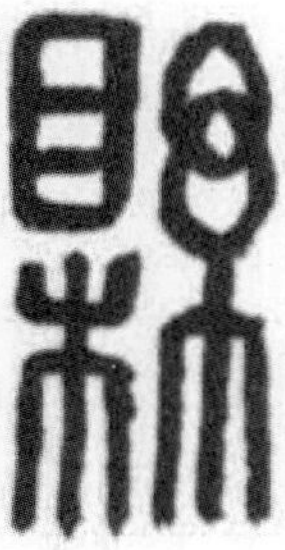

漢印文字徵

漢印文字徵

漢晉南北朝印風

漢晉南北朝印風

廿世紀璽印四-GY

○安國縣□章

東漢・石祠堂石柱題記

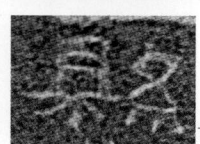

東漢・公乘田魴畫像石墓題記

東漢・少室石闕銘

○郡陽城縣

東漢・薌他君石柱題記額

東漢・張景造土牛碑

東漢・孔宙碑陽

東漢・史晨後碑

東漢・肥致碑

東漢・趙寬碑

東漢・張遷碑陽

東漢・司馬芳殘碑額

東漢・石門頌

東晉・劉尅誌
○東海郡郯縣都

東晉・劉媚子誌
○耶臨沂縣都鄉南仁里王建之字

北魏・李伯欽誌

北魏・元誘妻馮氏誌

北魏・鞠彥雲誌蓋
○黃縣都鄉石羊里鞠彥雲墓志

東魏・趙紹誌

# 須部

## 【須】

《說文》：須，面毛也。从頁从彡。凡須之屬皆从須。

睡・為吏 41

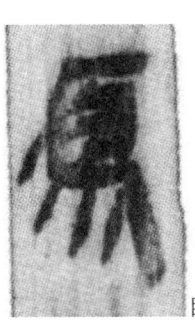

睡・日甲《盜者》71

里・第八層 122

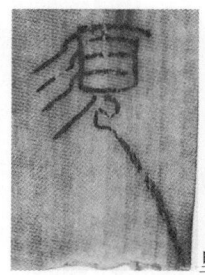

里・第八層背 204

馬壹 249_2-11 欄

敦煌簡 2351

○斗須女營奎

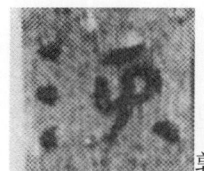

敦煌簡 1305

○須臾

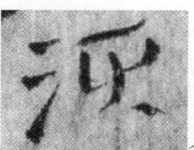

金關 T30:028A

○已至須而以補願斗

金關 T24:190A

北壹・倉頡篇 36

○須髯髮膚

廿世紀璽印二-SY

○李須

廿世紀璽印三-SP

○胥須

廿世紀璽印三-SY

○須甲

廿世紀璽印三-SY

○君須

漢印文字徵

○竇君須

漢印文字徵

○時翁須

漢印文字徵

○張須

漢晉南北朝印風

○竇君須

東漢・肥致碑

○須臾之頃

東漢・乙瑛碑

○須報

西晉・徐義誌

○在于斯須

北朝・十六佛名號

○須彌頂佛

北魏・笱景誌

○崇章須被

北魏・冗從僕射造像

○須時

北魏・四十一人等造像

○不須友

西魏・杜照賢造像

○遺影須顯

北齊・司馬遵業誌

○須昌縣開國公

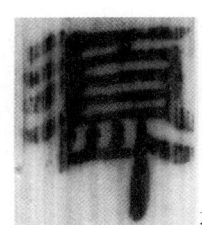

【䫇】

《說文》：䫇，口上須也。從須此聲。

北壹・倉頡篇 36

○龏髦髯搣

## 【䫇】

《説文》：䫇，頰須也。从須从冄，冄亦聲。

## 【䪳】

《説文》：䪳，須髮半白也。从須卑聲。

## 【頾】

《説文》：頾，短須髮皃。从須否聲。

# 彡部

## 【彡】

《説文》：彡，毛飾畫文也。象形。凡彡之屬皆从彡。

東晉·高句麗好太王碑
○彡穰城

## 【形】

《説文》：形，象形也。从彡幵聲。

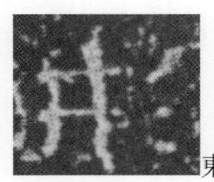

東漢·趙寬碑
○圖形觀□

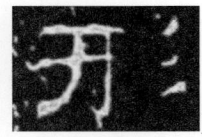

東漢·楊震碑

三國魏·王基斷碑
○綜析無形

北魏·元囧誌

北魏·王神虎造像

東魏·元仲英誌

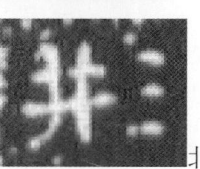

北周·獨孤渾貞誌
○形(影)無久留

## 【㐱】

《説文》：㐱，稠髮也。从彡从人。《詩》曰："㐱髮如雲。"

## 【鬒】

《説文》：鬒，㐱或从髟眞聲。

## 【修】

《説文》：修，飾也。从彡攸聲。

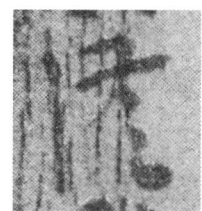

[敦煌簡 2395]
○以□修□宋生成行

[秦代印風]
○修身

[漢印文字徵]
○胡印修準

[北魏·王悅及妻郭氏誌]

[北魏·元弼誌]
○仁麟修（攸）

[北魏·高英誌]
○四果修（攸）綿

[北魏·李璧誌]
○權寵修（攸）歸

[北魏·盧令媛誌]

[北魏·元悌誌]
○禦侮修（攸）寄

[北魏·元恭誌]
○淵府修（攸）在

[北魏·長孫子澤誌]

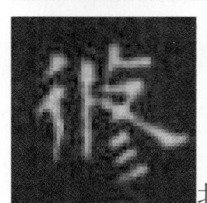

[北魏·穆紹誌]

[東魏·趙紹誌]
○修（悠）=泉室

東魏·南宗和尚塔銘

東魏·司馬韶及妻侯氏誌

西魏·辛萇誌

○修修泉路

北齊·元賢誌

○修（攸）來膏雨

北周·華岳廟碑

【彰】

《說文》：彰，文彰也。从彡从章，章亦聲。

東漢·鮮於璜碑陰

西晉·徐義誌

北魏·和醜仁誌

北魏·爾朱紹誌

北魏·韓氏誌

○憑彤管以彰烈託玄石而圖風

北魏·王誦妻元氏誌

【彤】

《說文》：彤，琢文也。从彡丹聲。

東漢·趙寬碑

東漢·孔宙碑陽

北魏·法義一百餘人造像

4216

北魏·元廣誌

北魏·元彥誌

北魏·元珍誌

北齊·暴誕誌

【彭】

《說文》：彭，清飾也。从彡青聲。

【參】

《說文》：參，細文也。从彡，㐺省聲。

【弱】

《說文》：弱，橈也。上象橈曲，彡象毛氂橈弱也。弱物并，故从二弓。

睡·秦律十八種 136

睡·為吏 3

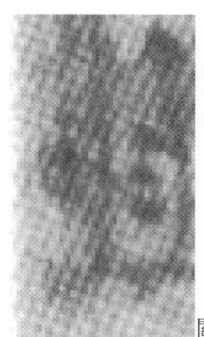

關·病方 315

〇本小弱者齊約大如

嶽·占夢書 31

馬壹 102_166

馬壹 91_270

馬壹 36_24 上

馬貳 73_102/102

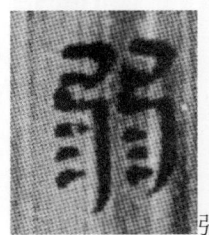

張・脈書 5

銀壹 910

銀貳 993

北貳・老子 114

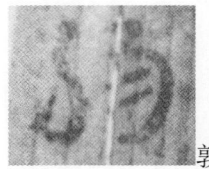

敦煌簡 0074

○孤弱殆不戰自東西

金關 T23：692

秦代印風

廿世紀璽印三-SY

漢印文字徵

漢印文字徵

漢印文字徵

○弱買

漢晉南北朝印風

東漢・建寧元年殘碑

東漢・西狹頌

北魏・爾朱紹誌

北魏・韓顯宗誌

北魏・山暉誌

北魏・成嬪誌

〇君弱齡播聲

北魏・元進誌

北魏・寇憑誌

北魏・寇憑誌

北魏・奚真誌

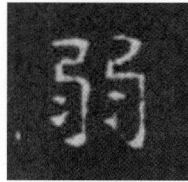

北魏・元毓誌

北魏・王悅及妻郭氏誌

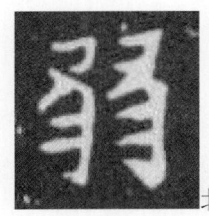

北魏·李超誌

【彩】

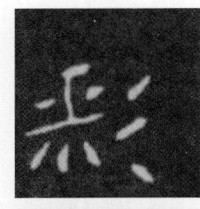

《說文》：彩，文章也。從彡采聲。

北魏·李元姜誌

北魏·元嵩誌

北魏·元弼誌

北齊·八十人等造像

〖彧〗

東漢·譙敏碑

北魏·寇霄誌

○朋人司馬彧

北魏·李媛華誌

〖彯〗

北魏·王翊誌

北魏·慈慶誌

東魏·王令媛誌

東魏·廣陽元湛誌

〖影〗

北魏·元顥誌

北魏·元純陀誌

北魏·胡明相誌

北魏·吐谷渾璣誌

北魏·元顯俊誌

北魏·元弼誌

北魏·淨悟浮圖記

○華現影貝葉生香爰諏神瑞元

東魏·王僧誌

東魏·南宗和尚塔銘

北齊·法懃塔銘

## 彣部

【彣】

《説文》：彣，䰩也。从彡从文。凡彣之屬皆从彣。

東漢·曹全碑陰

東漢·曹全碑陰

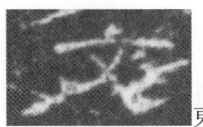

東漢·曹全碑陰

○徵博士李儒文（彣）優五百

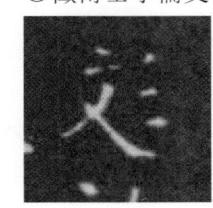

北魏·元端誌

【彥】

《説文》：彥，美士有文，人所言也。从彣厂聲。

東牌樓 066 正

○子彥一日付中得

魏晉殘紙

漢印文字徵

○孫子彥

廿世紀璽印四-SY

○曹彥塢印

東漢·朝侯小子殘碑

東漢·曹全碑陰

○故主簿（薄）鄧化孔彥

三國魏·曹真殘碑

○將軍馮翊李先彥進

北魏·鞠彥雲誌蓋

○黃縣都鄉石羊里鞠彥雲墓志

北魏·穆彥誌

北魏·鞠彥雲誌

○鞠彥雲以正光四年正月十六日

北魏·寇憑誌

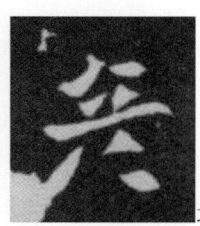

○秀彥隨逝

北魏·元嵩誌

# 文部

## 【文】

《說文》：𢒉，錯畫也。象交文。凡文之屬皆从文。

春早·秦公鐘

戰晚·九年呂不韋戈

戰晚·四年相邦呂不韋戟

漢銘·孝文廟甗鍑

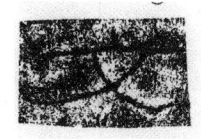

漢銘·何文鍾

漢銘·御食官鼎

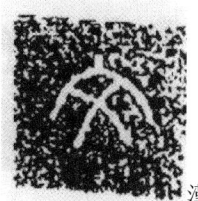

漢銘·文帝九年句鑃二

睡·法律答問 162

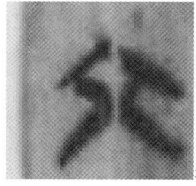

嶽·綰等案 243

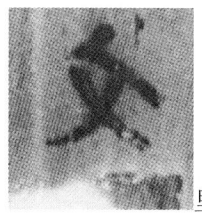

里·第八層 44

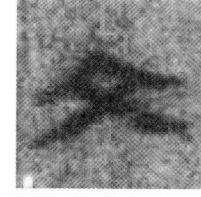

馬壹 37_38 下

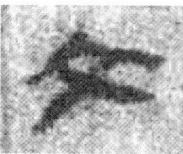

馬壹 36_42 上

馬壹 91_278

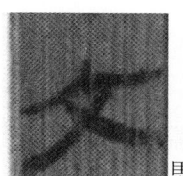

馬貳 247_292

銀壹 765

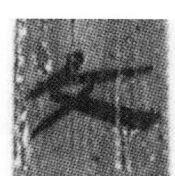

銀貳 1355

北貳·老子 44

敦煌簡 0264

金關 T24:845

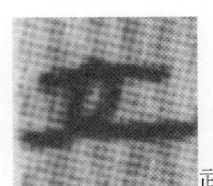

武・儀禮甲《服傳》37

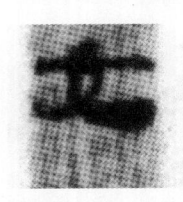

武・甲《燕禮》53

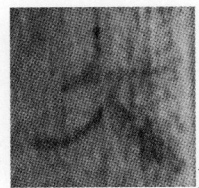

東牌樓 084

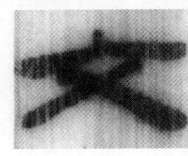

北壹・倉頡篇 32

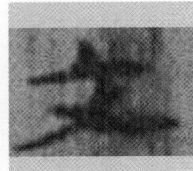

○醉酤趲文

吳簡嘉禾・五・一一

廿世紀璽印二-SP

○文

秦代印風

秦代印風

○文仁印

秦代印風

秦代印風

漢晉南北朝印風

廿世紀璽印三-SY

○文勝之印

廿世紀璽印三-SY

○黃文

廿世紀璽印三-GY

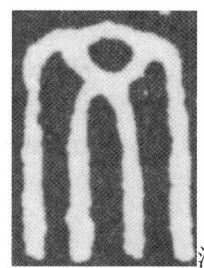

漢晉南北朝印風

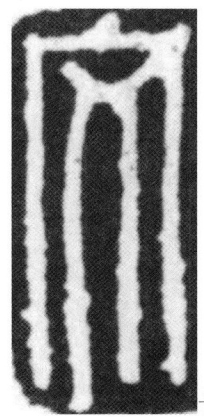

廿世紀璽印三-SY

廿世紀璽印三-SY

漢印文字徵

漢印文字徵
○字文

漢印文字徵
○文動

漢印文字徵
○王文

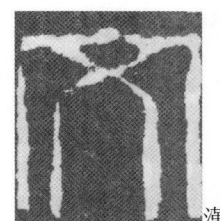

漢代官印選
○平原文學

柿葉齋兩漢印萃
○文豐私印

漢印文字徵
○文錢

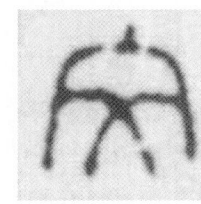

漢晉南北朝印風

漢晉南北朝印風

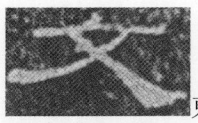

東漢・乙瑛碑

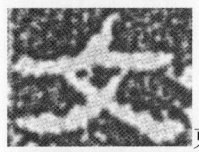

東漢・倉頡廟碑側

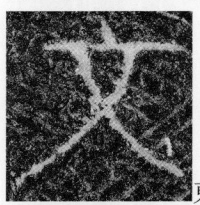

東漢・任城王墓黃腸石

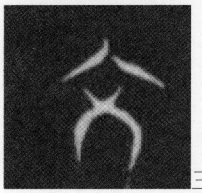

三國魏・三體石經春秋・古文
○于毃癸巳葬晉文公

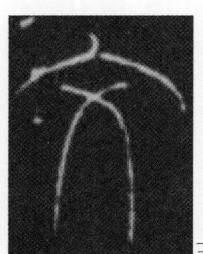

三國魏・三體石經春秋・篆文
○于毃癸巳葬晉文公

三國魏・三體石經春秋・隸書

西晉・石尠誌

北魏・高樹解伯都等造像
○薛文達

北魏・穆亮誌
○曾祖閭太尉宜都文成王

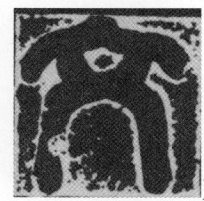

東魏・高盛碑額
○魏侍中黃鉞大師錄尚書事文懿高公碑

北周・宇文儉誌

北周・盧蘭誌

【斐】

《說文》：斐，分別文也。从文非聲。《易》曰：“君子豹變，其文斐也。”

4226

北魏·元維誌

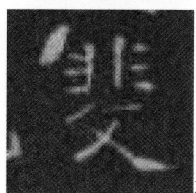

北魏·元乂誌

【辯】

《說文》：辯，駁文也。从文辡聲。

【嫠】

《說文》：嫠，微畫也。从文赘聲。

〖敉〗

睡·日甲《馬禖》157

○大夫敉次席

〖斌〗

漢印文字徵

○宋斌印信

漢印文字徵

○王斌私印

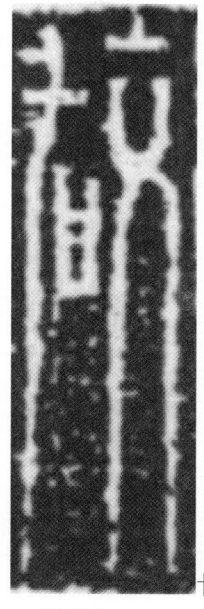

廿世紀璽印四-SY

○湯斌都

漢晉南北朝印風

○宋斌印信

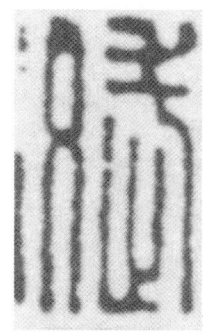

漢晉南北朝印風

○李斌

東漢·陽嘉殘碑陰

○故吏王斌

西晉·臨辟雍碑

北魏・王普賢誌

【斒】

北齊・魯思明造像

○斒斕

【斕】

北齊・魯思明造像

○斒斕

# 髟部

【髟】

《說文》：長髮猋猋也。从長从彡。凡髟之屬皆从髟。

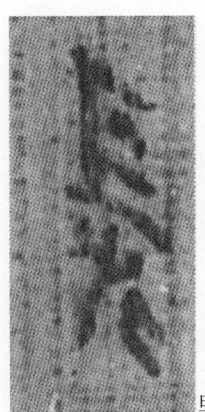

里・第八層 130

○卒長髟所

北魏・元悌誌

○髟髮行謠

【髮】

《說文》：根也。从髟犮聲。

【頌】

《說文》：古文。

【䯸】

《說文》：髮或从首。

睡・封診式 86

○生髮及保之狀有

里・第八層 534

○隋惡髮

4228

馬貳293_393/281
○□髮

馬貳68_8/8
○白雞毛及人髮

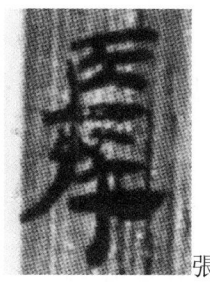

張・奏讞書172
○隨（墮）髮長二寸以

張・引書4
○齒被髮步足堂下有

銀貳2127
○不伸髮敝

北壹・倉頡篇36
○須髳髮膚

東漢・北海太守爲盧氏婦刻石
○翦髮明志

東漢・熹平元年墓石
○汝南山桑髮鉗宣曉

東漢・東漢・婁壽碑陰
○捥髮傳業

晉・黄庭内景經
○朽齒白髮

北魏・吐谷渾氏誌
○蓬髮辭梳

北魏・元悌誌
○髟髮行謡

北魏・元朗誌

○鬢髮皓然俱白

北魏·淨悟浮圖記

○初落髮于天台山

東魏·趙紹誌

○結髮來士

北齊·劉悅誌

○束髮而遊燕薊

北齊·元賢誌

○君爰自總髮

【鬢】

《說文》：鬢，頰髮也。从髟賓聲。

北魏·元朗誌

○鬢髮皓然俱白

北魏·元珍誌

【鬍】

《說文》：鬍，髮長也。从髟兩聲。讀若蔓。

【鬛】

《說文》：鬛，髮長也。从髟監聲。讀若《春秋》"黑肱以濫來奔"。

【鬌】

《說文》：鬌，髮好也。从髟、差。

秦文字編 1401

【鬈】

《說文》：鬈，髮好也。从髟卷聲。《詩》曰："其人美且鬈。"

【髦】

《說文》：髦，髮也。从髟从毛。

北壹·倉頡篇 36

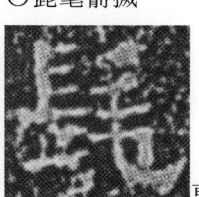

○麗髦髳娍

東漢·白石神君碑

○髦士挺生

東漢·郎中鄭固碑

○見於垂髦

北魏·元頊誌

○海內髦傑

北魏·李媛華誌

北周·楊濟誌

北周·王通誌

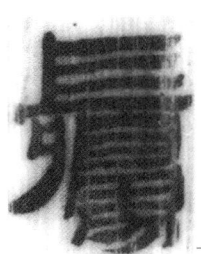

【鬡】

《說文》：鬡，髮皃。從髟寧聲。讀若宁。

北壹·倉頡篇 72

○嬌嬧窺鬡愿擾

【鬤】

《說文》：鬤，髮多也。從髟周聲。

【鬣】

《說文》：鬣，髮皃。從髟爾聲。讀若江南謂酢母為鬣。

【髻】

《說文》：髻，髮皃。從髟音聲。

【鬏】

《說文》：鬏，髮至眉也。從髟孜聲。《詩》曰："紞彼兩鬏。"

【髳】

《說文》：髳，鬏或省。漢令有髳長。

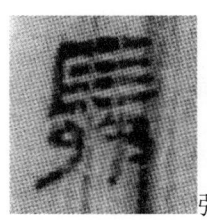

張·秩律 471

○鬏(髳)長

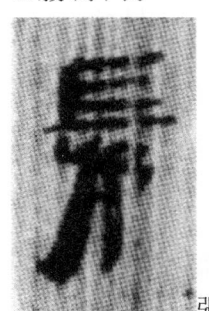

張·奏讞書 92

○鄭信鬏(髳)長蒼謀賊

北壹·倉頡篇 13

○髳弟經臬

漢晉南北朝印風

漢晉南北朝印風

○髳長

【鬋】

《說文》：鬋，女鬢垂皃。从髟前聲。

北壹·倉頡篇36

○鬋髦鬍摵

【鬵】

《說文》：鬵，鬋也。一曰長皃。从髟兼聲。讀若慊。

北壹·倉頡篇19

○曩葬墳鬵獵

【鬉】

《說文》：鬉，束髮少也。从髟截聲。

【鬄】

《說文》：鬄，髮也。从髟易聲。

【髢】

《說文》：髢，鬄或从也聲。

馬壹 11_71 上

○侯用鬄（錫）

【髲】

《說文》：髲，鬄也。从髟皮聲。

【髯】

《說文》：髯，用梳比也。从髟次聲。

【䰎】

《說文》：䰎，潔髮也。从髟昏聲。

【鬟】

《說文》：鬟，臥結也。从髟般聲。讀若槃。

【鬴】

《說文》：鬴，結也。从髟付聲。

【鬕】

《說文》：鬕，帶結飾也。从髟莫聲。

秦文字編 1401

4232

北壹・倉頡篇 16

○票風敠鬢寗擾

## 【鬢】

《說文》：鬢，屈髮也。从髟貴聲。

## 【䯰】

《說文》：䯰，簪結也。从髟介聲。

## 【鬙】

《說文》：鬙，髮鬙鬙也。从髟鼠聲。

## 【獵】

《說文》：獵，或从豕。

## 【毟】

《說文》：獵，鬙或从毛。

## 【鬞】

《說文》：鬞，鬙也。从髟盧聲。

## 【髴】

《說文》：髴，髴，若似也。从髟弗聲。

馬貳 31_59

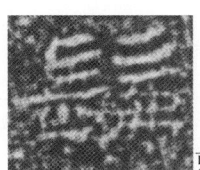

○絕若髴後

東漢・史晨後碑

北魏・韓震誌

北魏・緱光姬誌

北魏・姚伯多碑

○髣髴神儀

北齊・畢文造像

○髣髴真容

## 【髶】

《說文》：髶，亂髮也。从髟，茸省聲。

秦文字編 1401

【鬌】

《說文》：鬌，髮隋也。从髟，隋省。

【鬊】

《說文》：鬊，鬌髮也。从髟春聲。

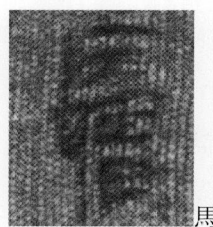

馬貳 85_352/342

○燔鬊灰等并

【鬜】

《說文》：鬜，鬢禿也。从髟閒聲。

【鬀】

《說文》：鬀，鬄髮也。从髟从刀，易聲。

【髡】

《說文》：髡，鬀髮也。从髟兀聲。

【髠】

《說文》：髠，或从元。

睡・法律答問 103

○髡子及奴妾不

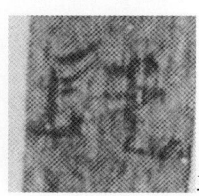

敦煌簡 0789

○玉門官大奴髡鉗首

東漢・洛陽刑徒磚

○髡鉗趙巨元初

東漢・洛陽刑徒磚

○梁國下邑髡鉗趙仲

【鬀】

《說文》：鬀，鬀髮也。从髟弟聲。大人曰髡，小人曰鬀，盡及身毛曰鬀。

【䰂】

《說文》：䰂，鬏也。从髟竝聲。

【鬛】

《說文》：鬛，䰂也。忽見也。从髟彔聲。彔，籀文魅，亦忽見意。

【髽】

《說文》：髽，喪結。《禮》：女子髽衰，弔則不髽。魯臧武仲與齊戰于狐鮐，魯人迎喪者，始髽。从髟坐聲。

秦文字編 1401

秦文字編 1401

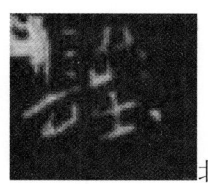

北魏·元液誌

○雪居髺首之狛

【䰄】

《說文》：䰄，馬鬣也。从髟者聲。

【髫】

《說文》：髫，小兒垂結也。从髟召聲。

東漢·履和純等字殘碑

○履和純始自髫

北魏·司馬顯姿誌

○閑淑發于髫年

北魏·楊熙偘誌

○粵在髫年

東魏·李祈年誌

○君甫髫齡偉器

【髻】

《說文》：髻，總髮也。从髟吉聲。古通用結。

北齊·無量義經二

【鬟】

《說文》：鬟，總髮也。从髟睘聲。

〖髻〗

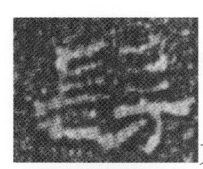

東漢·史晨後碑

北魏·韓震誌

北魏·陳天寶造像

北魏·緱光姬誌

北魏·姚伯多碑

○髣髴神儀

【髯】

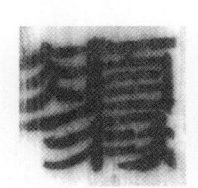

北壹·倉頡篇 36

○須髯髮膚

北齊·報德像碑

北齊·崔博誌

○美鬚髯

【髻】

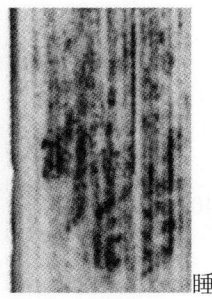

睡·封診式 35

○髻髮其右

【鬃】

馬貳 121_1

○□□令鬃之

【鬘】

北齊·唐邕刻經記

【鬣】

北齊·感孝頌

○馬鬣交阰

【鬚】

馬貳 119_208/207

○我鬚（須）麋（眉）

4236

敦煌簡 0683

○色毋鬚短面

北魏・元瞻誌

# 后部

## 【后】

《說文》：后，繼體君也。象人之形。施令以告四方，故厂之。从一、口。發號者，君后也。凡后之屬皆从后。

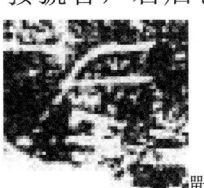

戰晚・太后公車書

漢銘・清河大后中府鍾

漢銘・王后家盤

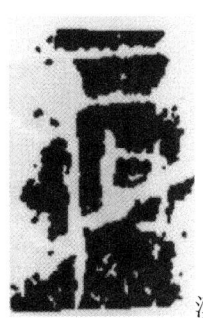

漢銘・王后中宮鼎

獄・數 182

馬壹 88_195

馬壹 36_48 上

銀壹 249

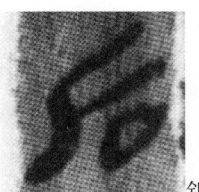

銀貳 1674

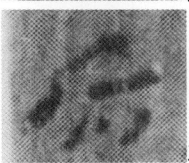

敦煌簡 0188

○皇大后

金關 T22:009

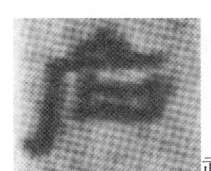

武・儀禮甲《服傳》24

武·甲《泰射》50

○矢而后（後）下

東牌樓 084

廿世紀璽印三-GY

○梁后園

漢晉南北朝印風

廿世紀璽印三-GY

漢晉南北朝印風

漢印文字徵

漢印文字徵

懷后磬

東漢·陽嘉殘碑陰

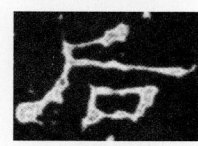

東漢·楊震碑

三國魏·孔羨碑

北魏·王遺女誌

北魏·寇臻誌

北魏·楊氏誌

○宣武皇帝以楊歷勤先后

北魏·于仙姬誌

北魏·元壽安誌

北魏·寇慰誌

北魏·王僧男誌

○上以男歷奉二后

東魏·嵩陽寺碑

東魏·元悰誌

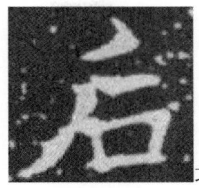

北齊·爾朱元靜誌

○何須三后之名

南朝宋·王佛女買地券

## 【㖃】

《説文》：㖃，厚怒聲。从口、后，后亦聲。

# 司部

## 【司】

《説文》：司，臣司事於外者。从反后。凡司之屬皆从司。

漢銘·建武平合

漢銘·成山宮渠斗

漢銘·司馬印狗

漢銘·東海宮司空盤

漢銘·永平平合

第九卷

漢銘·光和斛二

漢銘·光和斛一

漢銘·大司農平斛

漢銘·大司農權

睡·秦律十八種 182

睡·秦律雜抄 26

獄·占夢書 36

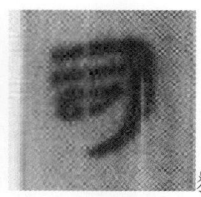

獄·魏盜案 155

里·第八層 2294

○司空色貴

里·第八層 135

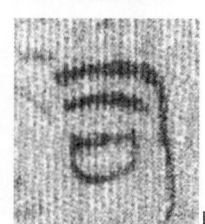

馬壹 255_4 下\46 下

馬壹 98_81

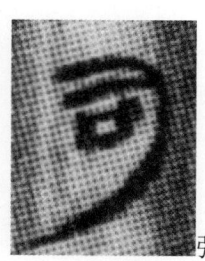

張·秩律 462

北貳·老子 102

敦煌簡 0062

○君大司空大夫宋仲

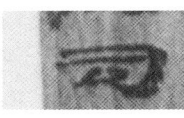

敦煌簡 0983

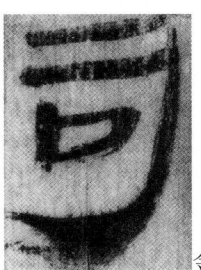

金關 T31∶193

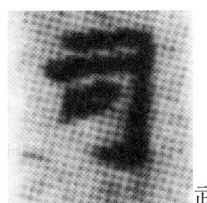

武·甲《少牢》44

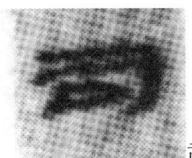

武·甲《泰射》56

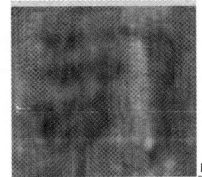

吳簡嘉禾·五·四六四

魏晉殘紙

○住留司馬

廿世紀璽印二-GP

○左司空

廿世紀璽印二-GP

○左信都由司馬之鉢

廿世紀璽印二-GP

○左司

歷代印匋封泥

○左司馬聞（門）蚼信鍨

歷代印匋封泥

歷代印匋封泥

○日司徒

歷代印匋封泥

○格氏左司工

歷代印匋封泥

○北司

歷代印匋封泥

○左司空

歷代印匋封泥

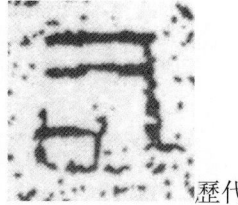

歷代印匋封泥

歷代印匋封泥

秦代印風

秦代印風

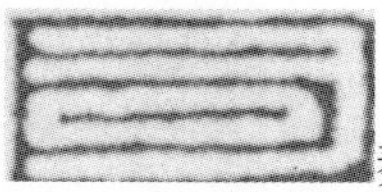

秦代印風

○司馬奴

廿世紀璽印三-GP

○臨菑司馬

秦代印風

秦代印風

漢晉南北朝印風

漢晉南北朝印風

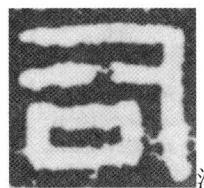

漢晉南北朝印風

廿世紀璽印三-GY

○□張司馬

廿世紀璽印三-GY

○宮司空丞之印

漢晉南北朝印風

漢晉南北朝印風

廿世紀璽印三-GP

○□城都司空

歷代印匋封泥

漢晉南北朝印風

廿世紀璽印三-SY

○司宮當時

漢晉南北朝印風

廿世紀璽印三-GY
○詔假司馬

漢印文字徵
○司馬安

漢代官印選

漢代官印選

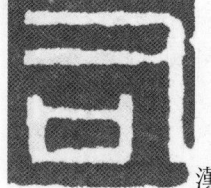

漢代官印選

漢印文字徵
○司馬同

漢印文字徵
○校司馬印

歷代印匋封泥

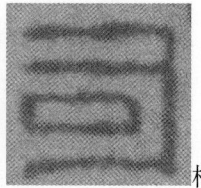

柿葉齋兩漢印萃
○司宮兌根

柿葉齋兩漢印萃
○列部司馬

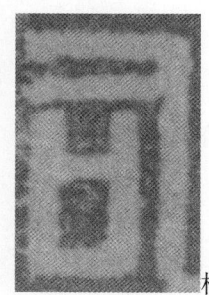

柿葉齋兩漢印萃
○大司馬印章

漢代官印選

漢晉南北朝印風

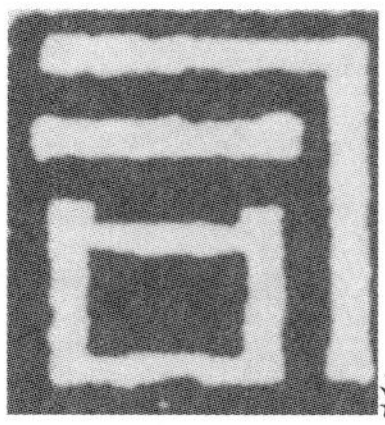

漢晉南北朝印風

漢晉南北朝印風

〇司馬大利

漢晉南北朝印風

漢晉南北朝印風

廿世紀璽印四-GY

〇大司馬章

北魏・韓曳雲造像

北魏・塔基石函銘刻

北魏・王紹誌

〇魏故侍中司空昌國宣簡公

北魏・寇治誌

〇夫人河內司馬氏

東魏・張滿誌蓋

〇魏故司空公張君墓誌

東魏・元季聰誌蓋

東魏・元光基誌蓋

〇魏故侍中司空公吳郡王墓銘

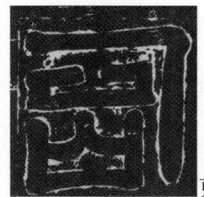

東魏・封延之誌

【詞】

《說文》：䛐，意內而言外也。从司从言。

東漢・東漢・婁壽碑陽

○其詞曰

北魏・趙光誌

北魏・慧靜誌

東魏・嵩陽寺碑

## 㔾部

【㔾】

《說文》：㔾，圜器也。一名觛。所以節飲食。象人，卪在其下也。《易》曰："君子節飲食。"凡㔾之屬皆从㔾。

漢銘・御銅㔾錠二

漢銘・御銅㔾錠一

里・第八層 200

馬貳 237_181

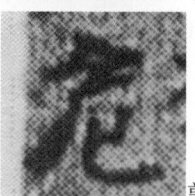

張・遣策 2

敦煌簡 1891

○赤㔾一

【𣃚】

《說文》：𣃚，小㔾有耳蓋者。从㔾專聲。

【𣃜】

《說文》：𣃜，小㔾也。从㔾耑聲。

讀若捶擊之捶。

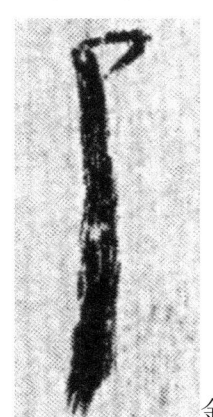

# 卩部

## 【卩（㔾）】

《說文》：㔾，瑞信也。守國者用玉卩，守都鄙者用角卩，使山邦者用虎卩，士邦者用人卩，澤邦者用龍卩，門關者用符卩，貨賄用璽卩，道路用旌卩。象相合之形。凡卩之屬皆从卩。

金關 T07:016

○自取 卩

廿世紀璽印二-GP

○易安都王 卩鍴

## 【令】

《說文》：令，發號也。从亼、卩。

西晚・不其簋

春早・秦公鎛

漢銘・壽成室鼎二

漢銘・元壽二年鐙

漢銘・臨虞宮高鐙四

漢銘・臨虞宮高鐙三

漢銘・臨虞宮高鐙二

漢銘・元康鴈足鐙

漢銘・駘蕩宮高鐙

漢銘・杜陵東園壺

漢銘·元始鈁

漢銘·元延乘輿鼎一

漢銘·建武泉範二

漢銘·壽成室鼎一

漢銘·昆陽乘輿銅鼎

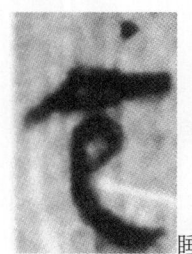

睡·秦律十八種 57

睡·法律答問 142

睡·日乙 106

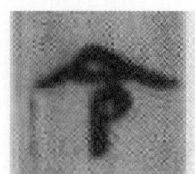

獄·魏盜案 154

里·第五層 17

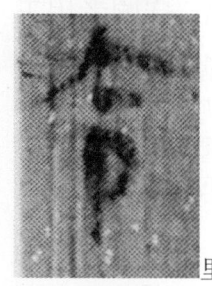

里·第六層 5

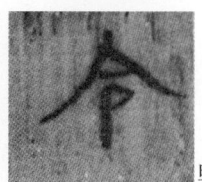

里·第八層 42

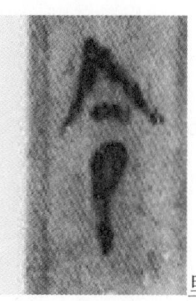

里·第八層背 138

馬壹 126_58 上

馬貳 91_457/447

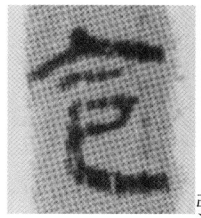

張·捕律144

〇二及令丞

張·具律103

張·具律104

張·算數書153

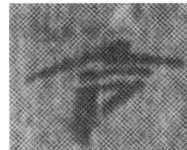

敦煌簡1365

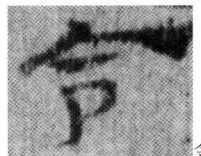

金關T31:066

金關T10:398

金關T24:141

〇如律令

東牌樓035正

〇忽爾令縹磨年朔□

魏晉殘紙

廿世紀璽印二-SY

秦代印風
○令狐皋

秦代印風
○令狐椎

秦代印風

廿世紀璽印三-GY
○故綷印

廿世紀璽印三-GY
○臨沅令印

廿世紀璽印三-GY
○東織令印

廿世紀璽印三-GP
○衛士令印

廿世紀璽印三-GY

廿世紀璽印三-GY

漢晉南北朝印風

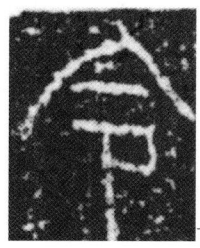

廿世紀鉨印三-GY

漢晉南北朝印風

漢晉南北朝印風

漢晉南北朝印風

漢晉南北朝印風

漢晉南北朝印風

漢晉南北朝印風

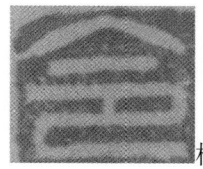

柿葉齋兩漢印萃

漢印文字徵

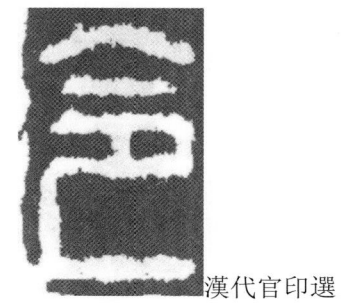

漢代官印選
○車騎將軍軍市令

漢代官印選
○槐里令印

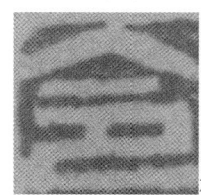

柿葉齋兩漢印萃

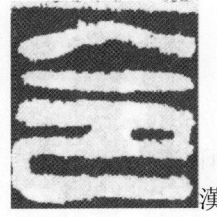

漢代官印選

○太史令印

漢代官印選

○尚書令印

漢代官印選

○符節令印

歷代印匋封泥

歷代印匋封泥

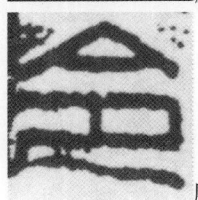

歷代印匋封泥

○孝景園令

歷代印匋封泥

○太史令之印

漢代官印選

○池陽令印

漢代官印選

漢印文字徵

漢印文字徵

○令其安漢

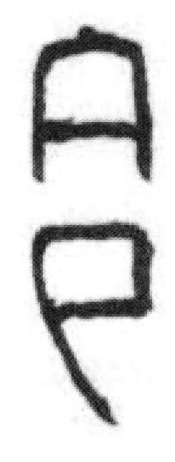

漢印文字徵
○令遂成

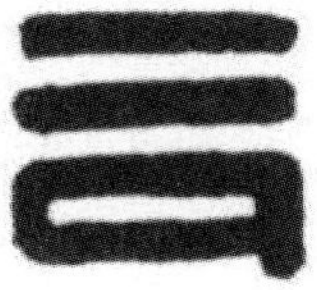

漢印文字徵
○故陸令印

漢印文字徵
○令治中孫

廿世紀鉨印四-GY
○鄴令之印

廿世紀鉨印四-GY
○金紐令印

漢晉南北朝印風

漢晉南北朝印風

廿世紀鉨印四-SY
○令

漢晉南北朝印風

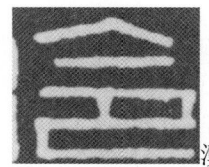

漢晉南北朝印風

漢晉南北朝印風
○令遂成

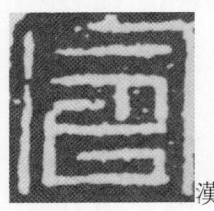

漢晉南北朝印風

漢晉南北朝印風

○西安令印

東漢・尚博殘碑

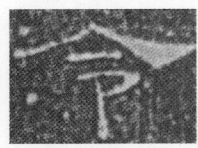

東漢・乙瑛碑

東漢・楊著碑額

東漢・張遷碑額

○陰令張君表頌

東漢・圉令趙君碑

東漢・司徒袁安碑

○遷東平任城令

東漢・禮器碑側

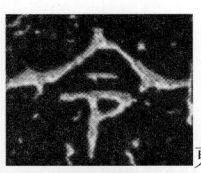

東漢・楊震碑

三國吳・浩宗買地券

三國魏・三體石經尚書・篆文

○在令予小子非克有正迪惟

三國魏・三體石經尚書・古文

○在令予小子

西晉・司馬馗妻誌

西晉・華芳誌

東晉・潘氏衣物券
東晉・王閩之誌 
東晉・劉媚子誌 
北魏・趙光誌 
北魏・李謀誌蓋 
北魏・昭玄法師誌 
〇統令法師
北魏・蘭將誌 

北魏・元誘誌
北魏・劉華仁誌 
北魏・元新成妃李氏誌 
北魏・馮會誌 
北魏・元顯俊誌 
北魏・元願平妻王氏誌 
北魏・元誘妻馮氏誌 
北魏・元謐誌

北齊·王憐妻趙氏誌

北齊·感孝頌

北齊·赫連子悅誌

北齊·斛律氏誌

北齊·徐顯秀誌蓋
○齊故大尉公大保尚書令徐武安王墓誌

【㔉】

《說文》：㔉，輔信也。从卪比聲。《虞書》曰："㔉成五服。"

【𠲱】

《說文》：𠲱，有大度也。从卪多聲。讀若侈。

【𠲴】

《說文》：𠲴，宰之也。从卪必聲。

【卲】

《說文》：卲，高也。从卪召聲。

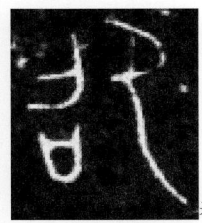

春早·秦公鎛

戰晚·邵宮和

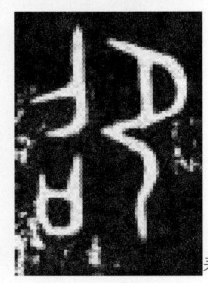

春早·秦公鐘

【厄】

《說文》：厄，科厄，木節也。从卪厂聲。賈侍中說，以爲厄，裹也。一曰厄，蓋也。

【郤】

《說文》：郤，脛頭卪也。从卪桼聲。

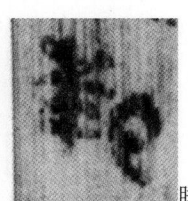

睡·封診式 78
○上有郤（膝）手

馬貳 62_7
○胻寒郤（膝）外兼

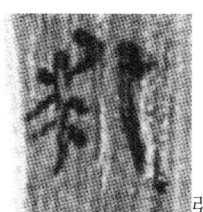

張·脈書 21

○股痛卻(膝)外

張·引書 17

○屈前卻(膝)信

【卷】

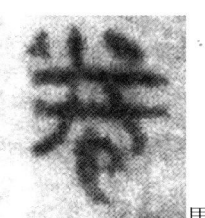

《說文》：卷，厀曲也。从卪𢍏聲。

馬壹 114_15\418

馬貳 32_5 上

張·秩律 456

張·引書 36

銀壹 241

○黃卷四達

銀貳 1161

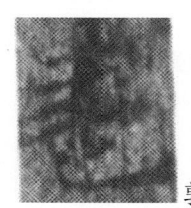

敦煌簡 0175

○卷餒死將塋及前沒

金關 T01:130

廿世紀璽印三-GP

○卷丞之印

漢印文字徵

○卷丞之印

漢印文字徵
○卷印安定

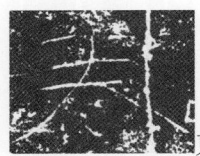

東漢·姚孝經墓磚
○地有名者以卷

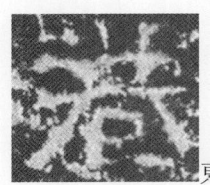

東漢·孟孝琚碑
○兼通孝經二卷

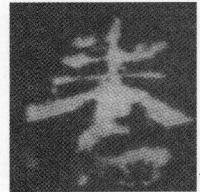

東漢·劉熊碑
○卷舒委隨

東漢·劉君墓石羊題字
○與祖使卷轉

北魏·鄭黑誌

北魏·楊穎誌

北魏·奚真誌

北魏·元茂誌

北魏·寇霄誌

北魏·張寧誌

北魏·吐谷渾氏誌

北齊·法懃塔銘

北齊·婁叡誌

【卻】

《說文》：卻，節欲也。从卪谷聲。

睡·封診式 66

○污兩卻（腳）解

里·第八層 790

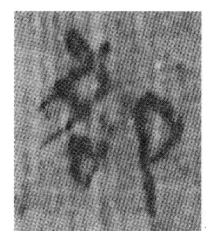

○內守卻

里·第八層背 157

○丞昌卻之啓陵廿七

馬壹 139_15 下 1/57 下

馬壹 77_82

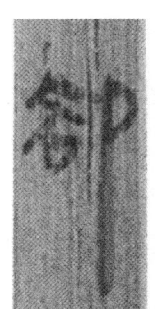

馬貳 211_96

馬貳 62_13

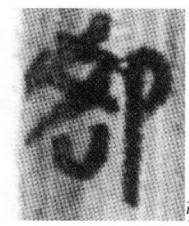

張·蓋盧 33

北貳·老子 25

金關 T24:032

○令府卻出書到願令

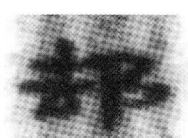

武·甲《有司》15

○縮卻右手執匕枋

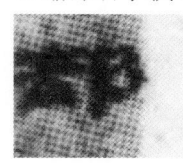

武·甲《泰射》59

○卻手自弓下

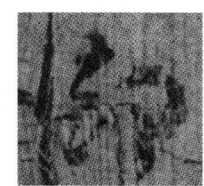

東牌樓 120

○被徵卻言

漢印文字徵

○卻春之印

第九卷

漢印文字徵
○卻齊

漢印文字徵
○卻王之印

漢印文字徵

漢印文字徵
○卻五印

漢印文字徵
○卻之

東漢・肥致碑
○君卻（郤）入室

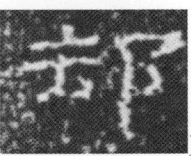

東漢・史晨前碑
○卻揆未然

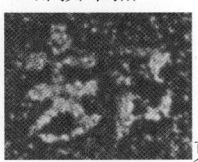

東漢・桓孞食堂畫像石題記
○年三歲卻到五年四月三日終

北魏・檀賓誌
○自非浮虎卻螟

北魏・薛孝通敘家世券
○苻秦召亦卻

北魏・元瑱誌
○卻背燕趙

東魏・元玗誌
○威逾卻波

【卸】

4260

《說文》：𦥙，舍車解馬也。从卪、止、午。讀若汝南人寫書之寫。

【卯】

《說文》：卯，二卪也。巽从此。闕。

【卩】

《說文》：卩，卪也。闕。

# 印部

【印】

《說文》：印，執政所持信也。从爪从卪。凡印之屬皆从印。

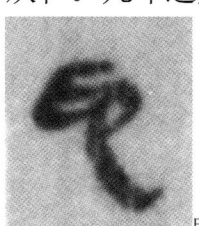

睡·秦律十八種 64

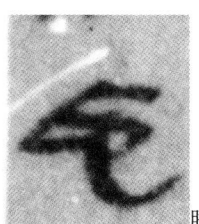

睡·法律答問 56

里·第五層 22

里·第八層 1234

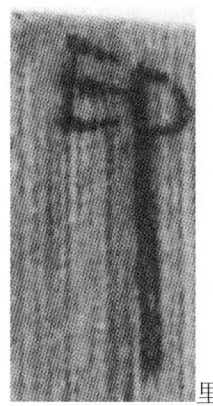

里·第八層背 1523

馬壹 98_86

馬貳 243_251

張·賊律 16

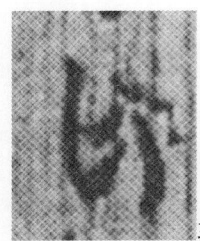

敦煌簡 1291

敦煌簡 0981

金關 T24:266B

東牌樓 024

廿世紀璽印二-SY
○戴摯印

廿世紀璽印二-SY
○褐印

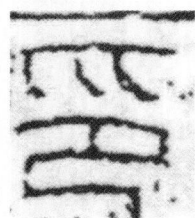

歷代印匋封泥
○芒丞之印

歷代印匋封泥

歷代印匋封泥

歷代印匋封泥

秦代印風
○吾印

秦代印風
○弄狗廚印

秦代印風
○工師之印

秦代印風
○趙相如印

4262

秦代印風
○王季印

秦代印風
○郝印

秦代印風
○宋譩之印

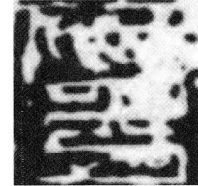

廿世紀璽印三-SY
○郝印

秦代印風
○公主田印

秦代印風
○右司空印

秦代印風
○邦侯丞印

秦代印風
○鉁粟將印

秦代印風
○南池里印

廿世紀璽印三-SY
○王君信印

漢晉南北朝印風

廿世紀璽印三-SY

廿世紀璽印三-SY
○器印

4263

廿世紀璽印三-GY

○龍川長印

漢晉南北朝印風

○羅長之印

廿世紀璽印三-SY

○雉循信印

廿世紀璽印三-SY

○黃禹私印

漢晉南北朝印風

○安陵令印

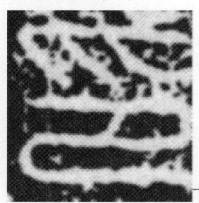

廿世紀璽印三-SY

○中□謨印

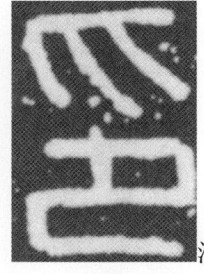

漢晉南北朝印風

漢晉南北朝印風

○衛官侯之印

漢晉南北朝印風

廿世紀璽印三-SY

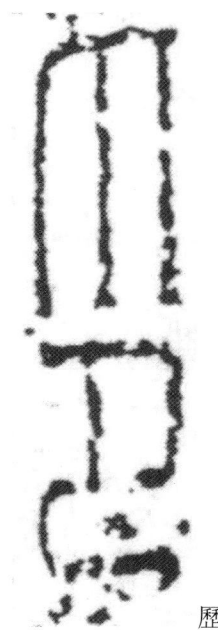

歷代印匋封泥

○昭城門侯印
漢晉南北朝印風

歷代印匋封泥

漢晉南北朝印風

○軍司馬之印
漢晉南北朝印風 

漢晉南北朝印風

○陽陵令印
漢晉南北朝印風

廿世紀鉨印三-SY

○文式印

歷代印匋封泥

○禦羞丞印

漢代官印選

漢代官印選

漢代官印選

漢代官印選

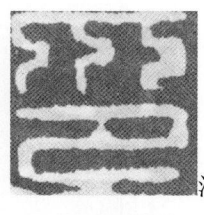

漢代官印選

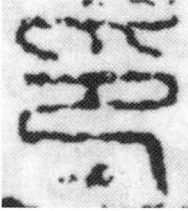

歷代印匋封泥

漢印文字徵

○呂禹之印

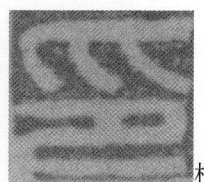

柿葉齋兩漢印萃

○關中侯印

漢代官印選

○公車丞印

漢印文字徵

○隨庶印

漢印文字徵
○軌印

漢印文字徵
○楊禹修印

柿葉齋兩漢印萃
○衛廣私印

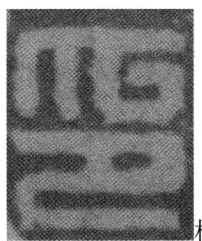

柿葉齋兩漢印萃
○佰勝之印

柿葉齋兩漢印萃
○韋曇印

柿葉齋兩漢印萃
○徐剛私印

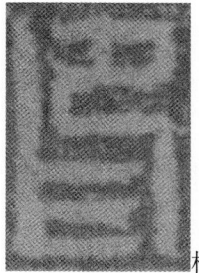

柿葉齋兩漢印萃
○偏將軍印章

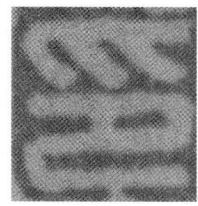

柿葉齋兩漢印萃
○蘇章私印

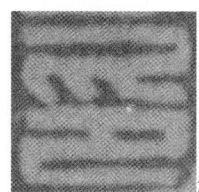

柿葉齋兩漢印萃
○王未央印

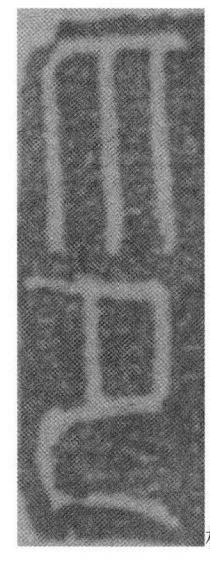

柿葉齋兩漢印萃
○圖阳宰之印

柿葉齋兩漢印萃
○部曲督印

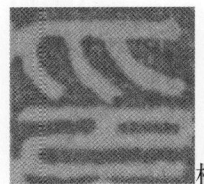

柿葉齋兩漢印萃

○關中侯印

漢印文字徵

○脩故亭印

柿葉齋兩漢印萃

○討寇將軍印

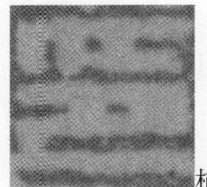

柿葉齋兩漢印萃

○尹閣私印

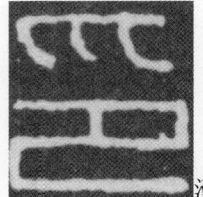

漢晉南北朝印風

漢晉南北朝印風

○部曲將印

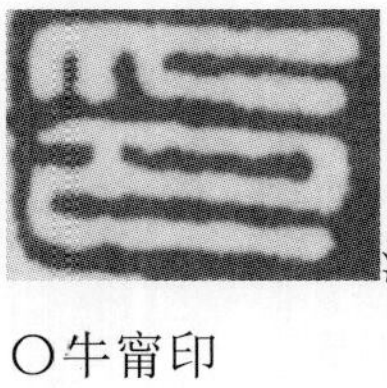

漢晉南北朝印風

○牛甯印

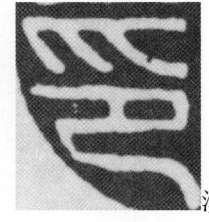

漢晉南北朝印風

○王偉君印

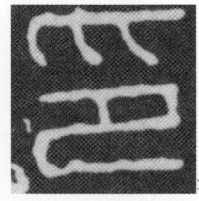

漢晉南北朝印風

漢晉南北朝印風

○馬師恩印

漢晉南北朝印風

○李子游印

漢晉南北朝印風

○成護印信

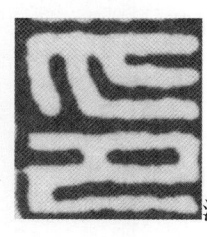

漢晉南北朝印風

○郭譚之印

漢晉南北朝印風

○丁充之印

漢晉南北朝印風
○丁詡印

漢晉南北朝印風
○左奉翊掾王訴印

漢晉南北朝印風
○盪寇將軍印

漢晉南北朝印風
○宣威將軍印

漢晉南北朝印風
○費縣令印

漢晉南北朝印風
○即居令印

漢晉南北朝印風
○懷州刺史印

漢晉南北朝印風
○武毅將軍印

漢晉南北朝印風
○冠軍將軍印

漢晉南北朝印風
○王林之印字長賓

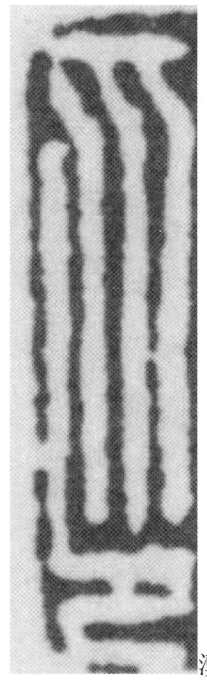

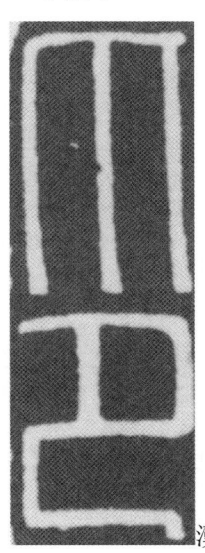

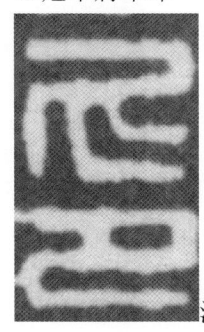

漢晉南北朝印風

漢晉南北朝印風

○黃勳之印

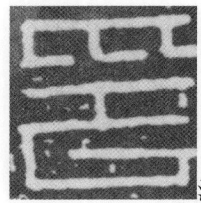

漢晉南北朝印風

漢晉南北朝印風

○郭康私印

漢晉南北朝印風

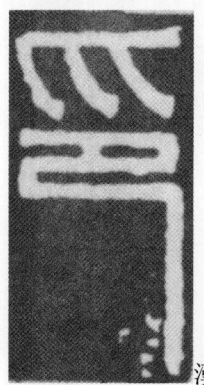

漢晉南北朝印風

漢晉南北朝印風

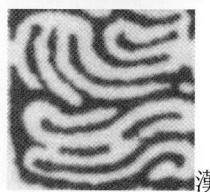

漢晉南北朝印風

○姜臨私印

漢晉南北朝印風

○謝相私印

漢晉南北朝印風

○孫駿私印

漢晉南北朝印風

○弭佗私印

漢晉南北朝印風

○王獲私印

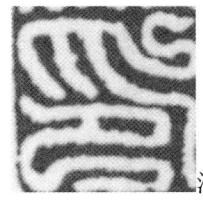

漢晉南北朝印風

○馬級私印

漢晉南北朝印風

○郝賢私印

漢晉南北朝印風

○徐倫私印

漢晉南北朝印風

○信印

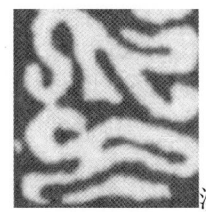

漢晉南北朝印風

○杜況私印

漢晉南北朝印風

○高剛私印

漢晉南北朝印風

○帛邯之印

漢晉南北朝印風

○趙路印

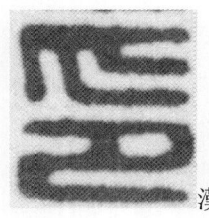

漢晉南北朝印風

○張醜印

漢晉南北朝印風

○劉偉私印

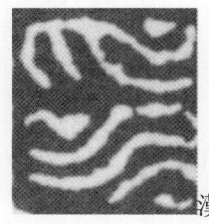

漢晉南北朝印風

○王農之印

漢晉南北朝印風

○田忠私印

漢晉南北朝印風

○王饒之印

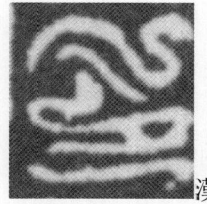

漢晉南北朝印風

○梁勝之印

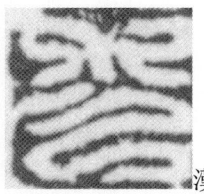

漢晉南北朝印風

○劉強之印

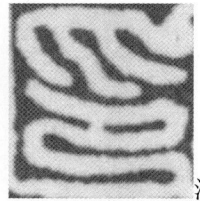

漢晉南北朝印風

○毛獲私印

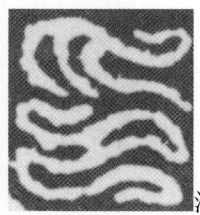

漢晉南北朝印風

○囗嘉之印

漢晉南北朝印風

○李順私印

漢晉南北朝印風

○李嚴私印

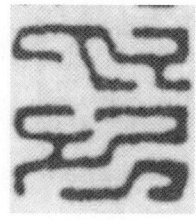

漢晉南北朝印風

○田忠私印

漢晉南北朝印風

○孟滕之印

詛楚文・沈湫

○不利親印大神久湫

東漢・元嘉元年畫像石墓題記二

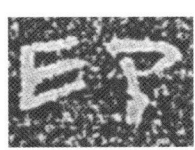

東漢・張景造土牛碑

東漢・夏承碑

北魏・陶浚誌

○即日解去印綬

北齊・唐邕刻經記

【卬】

《說文》：卬，按也。从反印。

【抑】

《說文》：抑，俗从手。

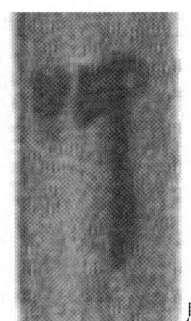

馬貳 218_23/34

○抑下之曰蓄氣

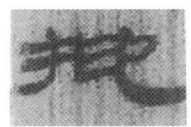

北貳・老子 110

○高者抑（抑）之下者舉之

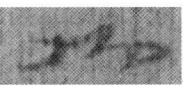

敦煌簡 0963

○作略抑史

東漢・西狹頌

○威儀抑（抑）抑（抑）

東漢・西狹頌

○威儀抑（抑）抑（抑）

北魏・辛穆誌

○抑（抑）而不許

北魏·元瞻誌
〇抑相合以魚水也

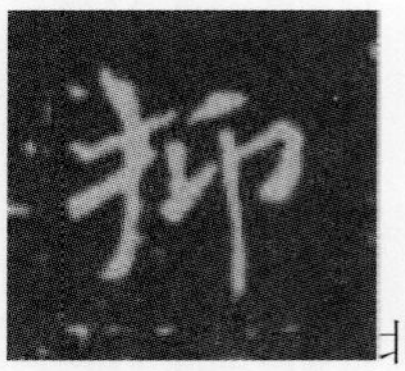

北魏·元顯魏誌

北魏·李榘蘭誌

北魏·韓顯宗誌
〇抑亦見知

北齊·元賢誌
〇抑唯故實

# 色部

【色】

《說文》：，顏气也。从人从卪。凡色之屬皆从色。

【𩡱】

《說文》：，古文。

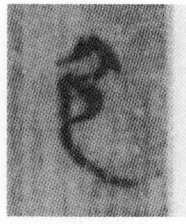

里·第八層 1524

馬壹 176_54 下
〇觀五色其黃

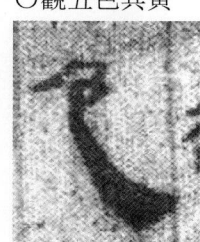

馬貳 38_75 上

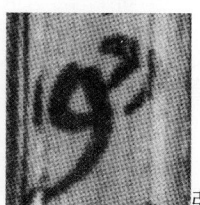

張·蓋盧 5
〇次用色其次用德其

銀貳 1709
〇害五色君

敦煌簡 0681
〇青白色

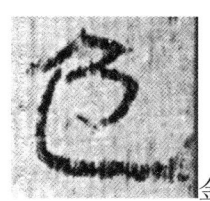

金關 T09:057

○寸黑色

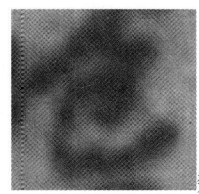

魏晉殘紙

○唯色是存

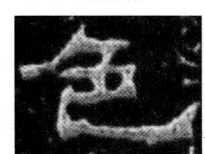

東漢・楊震碑

西晉・石尠誌

○在事正色

北魏・元纂誌

【艴】

《說文》：艴，色艴如也。从色弗聲。《論語》曰："色艴如也。"

【䎸】

《說文》：䎸，縹色也。从色并聲。

# 卯部

【卯】

《說文》：卯，事之制也。从卩、纯。凡卯之屬皆从卯。闕。

【卿】

《說文》：卿，章也。六卿：天官冢宰、地官司徒、春官宗伯、夏官司馬、秋官司寇、冬官司空。从卯皂聲。

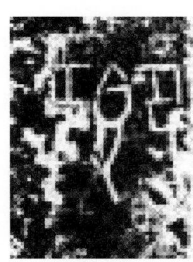

戰中・商鞅量

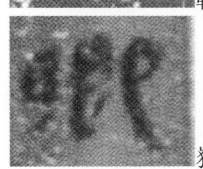

戰晚或秦代・槁陽鼎

獄・數 134

馬壹 171_10 上

張・田律 255

敦煌簡 0361

○王壽卿入粟三石三

敦煌簡 0058

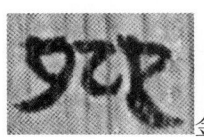

金關 T10:308

○食卿一人一月食

金關 T04:014

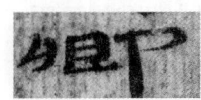

金關 T29:124

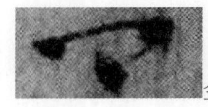

金關 T23:359A

○宋巨卿坐前毋恙頃

武‧甲《燕禮》33

武‧甲《泰射》55

廿世紀璽印三-SY

廿世紀璽印三-SY

廿世紀璽印三-SY

廿世紀璽印三-SY

漢印文字徵

柿葉齋兩漢印萃

柿葉齋兩漢印萃

柿葉齋兩漢印萃

柿葉齋兩漢印萃

漢印文字徵

○趙子卿

漢印文字徵

○陳翁卿

漢印文字徵

漢印文字徵

漢印文字徵

歷代印匋封泥

○王中卿印

漢印文字徵

漢印文字徵

漢晉南北朝印風

漢晉南北朝印風

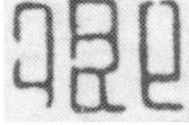

漢晉南北朝印風

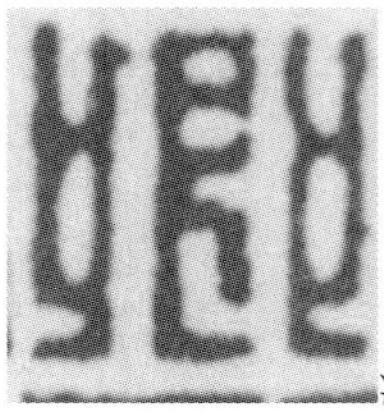

漢晉南北朝印風

○與來卿

漢晉南北朝印風

○焦細卿印

漢晉南北朝印風

漢晉南北朝印風

漢晉南北朝印風
○王子卿

東漢・史晨前碑

東漢・肥致碑

東漢・張遷碑陽

東漢・張遷碑陰

東漢・乙瑛碑

東漢・楊震碑

三國魏・上尊號碑額

西晉・石尠誌
○卿平陽鄉侯

北魏・元譚妻司馬氏誌

北魏・元恭誌

北魏・元頊誌
○徒光祿卿

北魏・王誦誌
○駿崇公卿

北魏・元固誌
○遷太子庶子通直散騎常侍宗正少卿

北魏·元誘誌

北魏·元固誌

〇轉安南將軍大宗正卿

北齊·崔芬誌

〇亦卿亦相

北齊·韓裔誌

〇門傳卿相

# 辟部

【辟】

《說文》：辟，法也。从卩从辛，節制其辠也；从口，用法者也。凡辟之屬皆从辟。

春早·秦子戈

春早·秦子戈

春晚·秦公鎛

漢銘·□方辟兵鉤

漢銘·除兇去央鈴範

睡·秦律十八種 185

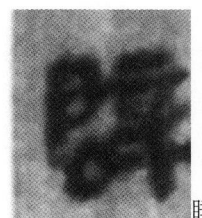

睡·秦律雜抄 4

睡·日甲《盜者》71

〇以上辟（臂）膞

關・日書 144

○東辟（壁）閉

嶽・癸瑣案 3

里・第八層 680

里・第八層 135

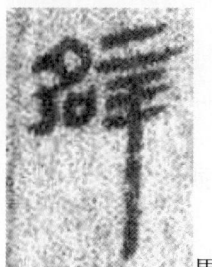

馬壹 121_10 下

馬壹 110_167\336

馬壹 13_2 上\95 上

馬壹 255_42 下

○東辟（壁）

馬壹 179_92 上

○東辟（壁）

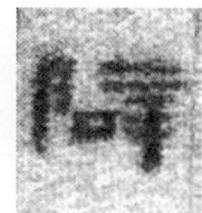

馬壹 177_77 上

○東辟（壁）

馬貳 247_288

張・具律 93

張·奏讞書 60

張·脈書 9

銀壹 812

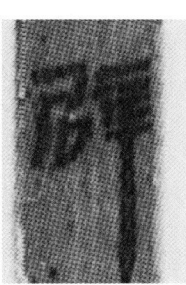

銀貳 1049

敦煌簡 1990A

金關 T04:063A

武·甲《特牲》48

武·甲本《有司》13

廿世紀璽印三-SY

廿世紀璽印三-GY

歷代印匋封泥

○辟陽邑丞

歷代印匋封泥

○辟陽侯相

柿葉齋兩漢印萃

柿葉齋兩漢印萃

○辟閒茂印

漢印文字徵

○鄗辟

漢印文字徵

漢印文字徵

○趙辟非

漢印文字徵

漢印文字徵

漢印文字徵

○辟陽矦相

漢晉南北朝印風

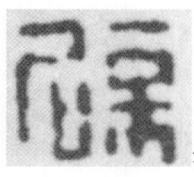

漢晉南北朝印風

○高辟之印

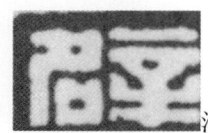

漢晉南北朝印風

漢晉南北朝印風

○辟彊

漢晉南北朝印風

○楊辟

懷后磬

東漢・成陽靈臺碑

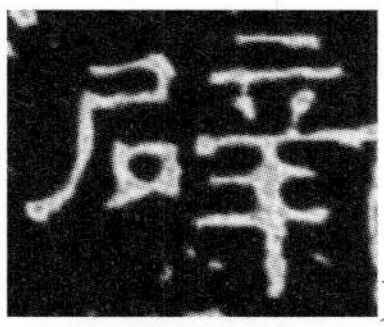

東漢・楊震碑

東漢・鮮於璜碑陽

東漢・夏承碑

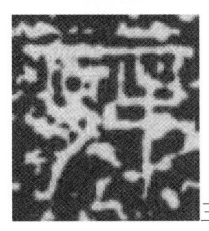

三國魏・三體石經尚書・篆文
○用乂厥辟故一人口于四方若

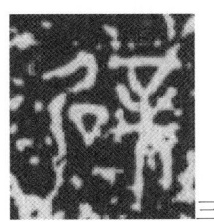

三國魏・三體石經尚書・古文
○用𢻤（乂）厥辟

西晉・石尠誌
○辟部濟南從事主簿

北魏・劉滋誌
○世辟名夏

北魏・元子正誌

北魏・賈瑾誌
○州辟主簿

【𢻤】

《說文》：𢻤，治也。从辟从井。《周書》曰："我之不𢻤。"

【𢾰】

《說文》：𢾰，治也。从辟乂聲。《虞書》曰："有能俾𢾰。"

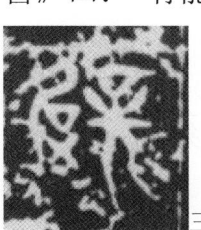

三國魏・三體石經尚書・古文
○帝巫咸𢾰（乂）王

# 勹部

【勹】

《說文》：勹，裹也。象人曲形，有所包裹。凡勹之屬皆从勹。

【𥷸】

《說文》：𥷸，曲脛也。从勹，籟省聲。

【甫】

《說文》：甫，手行也。从勹甫聲。

春早・秦公鎛

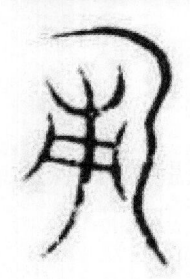

春晚・秦公鎛

【匐】

《說文》：匐，伏地也。从勹畐聲。

【匊】

《說文》：匊，在手曰匊。从勹、米。

【勻】

《說文》：勻，少也。从勹、二。

【勼】

《說文》：勼，聚也。从勹九聲。讀若鳩。

【旬】

《說文》：旬，徧也。十日爲旬。从勹、日。

【旬】

《說文》：旬，古文。

秦代・旬陽壺

秦代・旬邑銅權

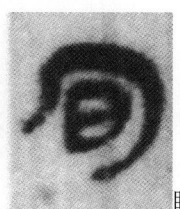

睡・秦律十八種 74

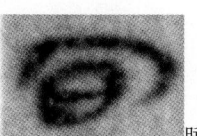

睡・日甲《行》127

睡・日甲《土忌》138

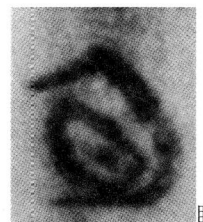

睡·日甲87

○五月旬二日心

睡·日乙45

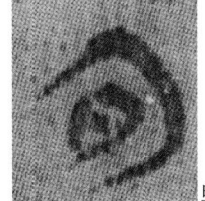

里·第八層63

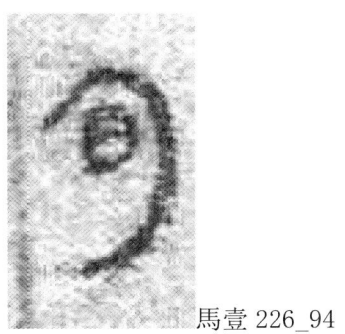

馬壹226_94

馬壹175_45上

馬壹177_69上

馬壹261_2

馬壹244_1上\9上

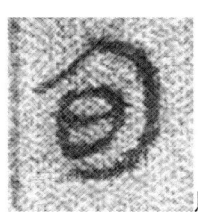

馬貳21_25下

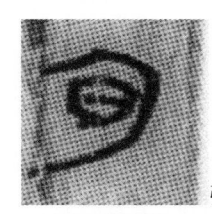

張·徭律414

張·引書42

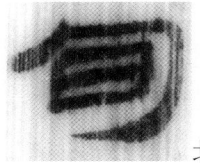

北壹·倉頡篇45

○未旬繇氏百冊四

廿世紀璽印三-GP

○旬陽之印

東漢·夏承碑

東漢・肥致碑

東漢・浚縣延熹三年畫像石題記

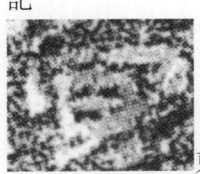

東漢・王孝淵碑

北魏・元煥誌

【勹】

《說文》：⿹，覆也。从勹覆人。

【匈】

《說文》：⿹，聲也。从勹凶聲。

【胸】

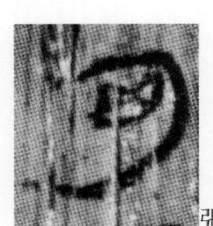

《說文》：⿹，匈或从肉。

張・奏讞書 200

敦煌簡 0983

金關 T06:022A

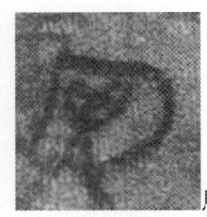

馬貳 117_144/144

○腹心胸中惡氣取槐

馬貳 98_17

○產病胸甬（痛）肩

張・脈書 18

○伐（拔）匈痛要（腰）

銀貳 2117

漢晉南北朝印風

○漢匈奴呼盧訾屍逐

漢晉南北朝印風
○漢匈奴破虜長

漢印文字徵
○漢匈奴破虜長

漢晉南北朝印風
○漢匈奴歸義親漢長

漢印文字徵
○漢匈奴呼律居訾成羣

廿世紀璽印三-GY
○漢匈奴胡盧訾尸逐

漢晉南北朝印風

廿世紀璽印三-GY
○漢匈奴栗借溫禺鞮

廿世紀璽印四-GY

柿葉齋兩漢印萃

漢晉南北朝印風
○晉匈奴率善佰長

漢代官印選

漢晉南北朝印風
○趙匈殷

東漢·公乘田魴畫像石墓題記
○卒遭毒氣遇匈殃

晉·鄭舒妻劉氏殘誌

○使持節領護匈

北魏·長孫盛誌

北魏·高珪誌

○出征匈奴

東魏·元悰誌

○懸日月於匈（胸）懷

北齊·是連公妻誌

○得自匈（胸）懷

北齊·徐顯秀誌

○匈奴合騎

北齊·無量義經二

○匈表万字師子臆

北魏·寇霄誌

○栝胸懷而避咎

北魏·陶浚誌

○其胸臆所懷

【匊】

《說文》：匊，帀徧也。从勹舟聲。

【匌】

《說文》：匌，帀也。从勹从合，合亦聲。

【匓】

《說文》：匓，飽也。从勹殷聲。民祭，祝曰："厭匓。"

【復】

《說文》：復，重也。从勹復聲。

【复】

《說文》：复，或省彳。

【冡】

《說文》：冡，高墳也。从勹豖聲。

4288

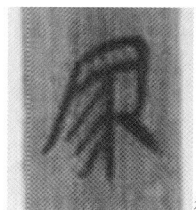

獄・猩敞案 53
○謀㘽冢不告猩冢巳

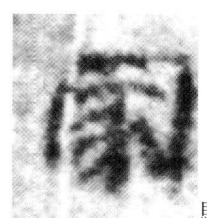

馬壹 218_110

北壹・倉頡篇 11
○貉離絕冢郭棺

廿世紀璽印二-SP
○咸沙里冢

廿世紀璽印三-SY
○冢犯之印

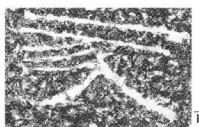

東漢・疎夫規冢刻石
○疎夫規冢

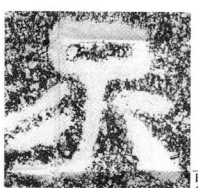

東漢・大吉山摩崖刻石
○造此冢地

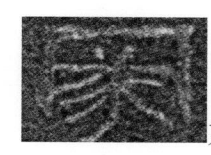

東漢・公乘田魴畫像石墓題記
○東高顯冢營

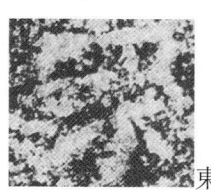

東漢・宋伯望買田刻石右
○立冢民無所建租

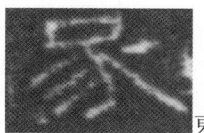

東漢・石祠堂石柱題記
○兄弟暴露在冢

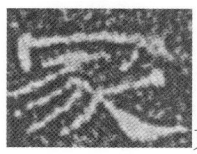

東漢・史晨後碑
○假夫子冢

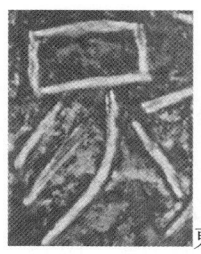

東漢・佐孟機崖墓題記
○男石造此冢端行

北魏・元譚誌
○汲冢遺箋

北周·宇文儉誌蓋
○大冢宰

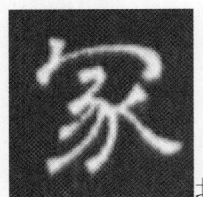

北周·宇文儉誌
○拜大冢宰

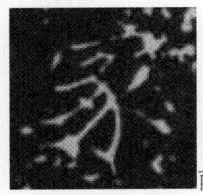

南朝宋·石騳銘

【勾】

東漢·北海太守爲盧氏婦刻石
○勾騰齊舞

# 包部

【包】

《說文》：象人裹妊，巳在中，象子未成形也。元气起於子。子，人所生也。男左行三十，女右行二十，俱立於巳，爲夫婦。裹妊於巳，巳爲子，十月而生。男起巳至寅，女起巳至申。故男季始寅，女季始申也。凡包之屬皆从包。

睡·法律答問 61

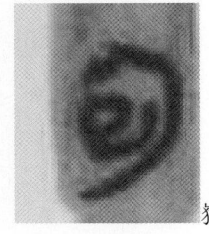

獄·綰等案 243

馬壹 89_230

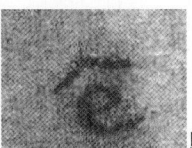

馬貳 141_18

張·脈書 4

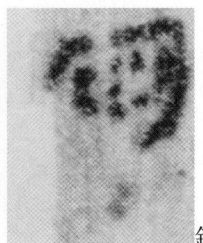

銀壹 406
○敗以包□奔救以皮

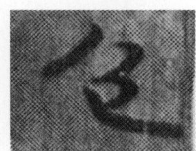

敦煌簡 0503A
○爲公包卿從揚君高

北壹·倉頡篇 14

○泠䆫遏包穗稍

漢印文字徵

○公包可字小青

東漢·熹平石經殘石五

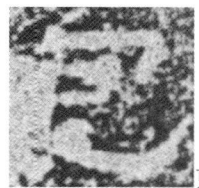

東漢·熹平石經殘石五

北齊·高湆誌

【胞】

《説文》：胞，兒生裹也。从肉从包。

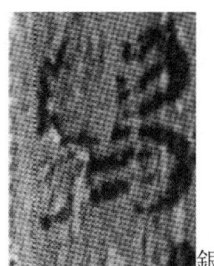

銀貳 1923

東魏·元玕誌

【匏】

《説文》：匏，瓠也。从包，从夸聲。包，取其可包藏物也。

# 苟部

【苟】

《説文》：苟，自急敕也。从羊省，从包省。从口，口猶慎言也。从羊，羊與義、善、美同意。凡苟之屬皆从苟。

【䓋】

《説文》：䓋，古文羊不省。

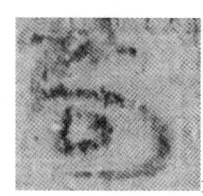

金關 T24∶656

○苟子上德者

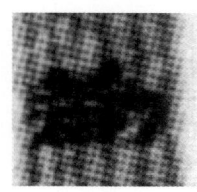

武·甲《燕禮》48

○賓爲苟敬

【敬】

《説文》：敬，肅也。从攴、苟。

春晚·秦公簋

春晚·秦公鎛

春早·秦公鐘

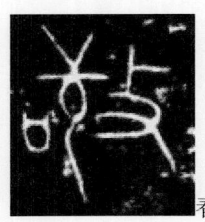

春早·秦公鎛

漢銘·敬武主家銚

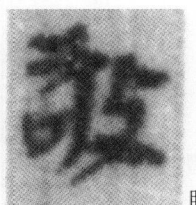

睡·秦律十八種 196

睡·為吏 37

睡·為吏 15

睡·為吏 46

獄·為吏 43

里·第六層 16

里·第八層 659

里·第八層 2246

第九卷

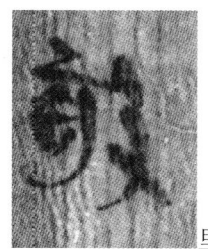

里・第八層背 767

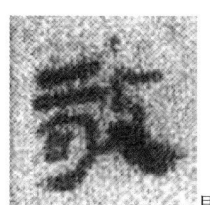

馬壹 48_1 下

馬壹 77_73

馬壹 104_30\199

馬壹 257_2 下

馬壹 5_31 上

○震敬（驚）百里

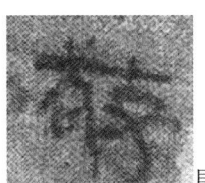

馬貳 117_144/144

張・徭律 414

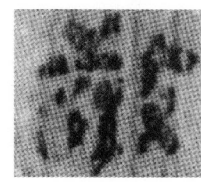

張・蓋盧 47

銀壹 623

銀壹 873

銀貳 1201

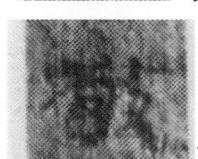

敦煌簡 0352

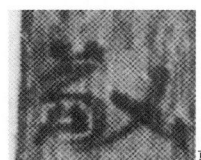

敦煌簡 1373

敦煌簡 1459A

金關 T24:121

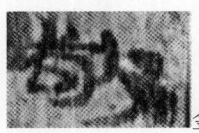

金關 T04:008

武·儀禮甲《服傳》32

○敬宗尊祖

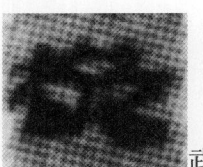

武·甲《特牲》6

○敢不敬

武·柩銘考釋 2

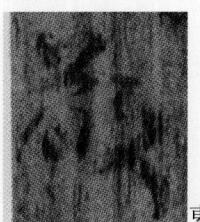

東牌樓 041 背

○因旋敬張頌叩頭

吳簡嘉禾·五·二三五

○子壬敬佃田卅五町

秦代印風

○思言敬事

秦代印風

○慎方敬原

秦代印風

○王敬

秦代印風

○敬事

秦代印風

○敬事

秦代印風

○焦敬

秦代印風

○羌敬

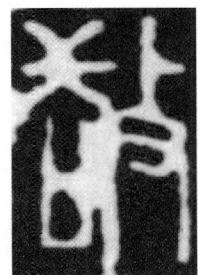

廿世紀璽印三-SY

○王敬

歷代印匋封泥

○二敬文

漢印文字徵

漢印文字徵

漢印文字徵

○宛敬之印

漢印文字徵

○菹不敬

漢印文字徵

○趙敬私印

漢印文字徵

○格敬

漢晉南北朝印風

○周敬私印

漢晉南北朝印風

○宛敬之印

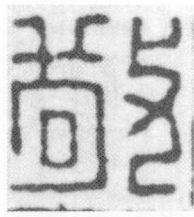

漢晉南北朝印風

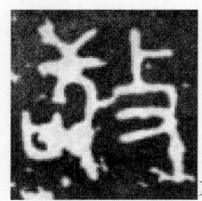

石鼓・吳人

東漢・譙敏碑

東漢・冠軍城石柱題名
○故吏軍議掾陳郡趙洪文敬

東漢・曹全碑陽

冥漢・桐柏淮源廟碑

北魏・元引誌

北魏・僧暉造像

北魏・王悅及妻郭氏誌

北魏・邢安周造像

北魏・元液誌
○密略敬陳

北魏・宋景妃造像
○造釋迦像一區

北魏・元彬誌
○敬述徽績

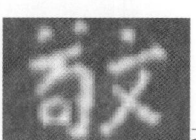

北魏・山公寺碑頌

北魏・元定誌
○神京敬圖玄石

北魏・胡明相誌

東魏・馮令華誌

4296

東魏·元季聰誌

東魏·張僧安造像

○縣人張僧安敬造

北齊·崔德誌

北齊·元洪敬誌

北齊·暴誕誌

北齊·王馬造像

○敬造觀世音菩薩一軀

北齊·張思文造像

北周·李明顯造像

○長妃敬造釋迦石像

北周·須蜜多誌

北周·賀屯植誌

○孝敬基於自然

南朝宋·陳又之造像

○弟子陳又之敬造如來佛

# 鬼部

【鬼】

《說文》：鬼，人所歸爲鬼。从人，象鬼頭。鬼陰气賊害，从厶。凡鬼之屬皆从鬼。

【禐】

《說文》：禐，古文从示。

戰晚·七年上郡閒戈

戰晚・二十五年上郡守廟戈

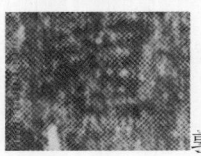

敦煌簡 2363

○與鬼七星

廿世紀璽印二-SP

○鬼

漢印文字徵

○天地殺鬼之印

東漢・西岳神符鎮墓石

○除凶惡鬼佐

東漢・曹全碑陽

北魏・元倪誌

北齊・唐邕刻經記

北齊・石佛寺迦葉經碑

○破齋者墮餓鬼地獄

【魋】

《說文》：魋，神也。从鬼申聲。

【魂】

《說文》：魂，陽气也。从鬼云聲。

敦煌簡 0145

○則餘魂毋所恨臣

東漢・許安國墓祠題記

○隱藏魂靈

【魄】

《說文》：魄，陰神也。从鬼白聲。

北貳·老子 145

北魏·元纂誌

北魏·司馬顯姿誌

北魏·馮會誌

○悲玉魄之長寂

北魏·元理誌

【魊】

《說文》：魊，厲鬼也。从鬼失聲。

【魖】

《說文》：魖，耗神也。从鬼虛聲。

【魃】

《說文》：魃，旱鬼也。从鬼犮聲。《周禮》有赤魃氏，除牆屋之物也。《詩》曰："旱魃爲虐。"

【彪】

《說文》：彪，老精物也。从鬼、彡。彡，鬼毛。

【魅】

《說文》：魅，或从未聲。

【彖】

《說文》：彖，古文。

【彖】

《說文》：彖，籀文从象首，从尾省聲。

北魏·張正子父母鎮石

○魑魅魍魎

【魃】

《說文》：魃，鬼服也。一曰小兒鬼。从鬼支聲。《韓詩傳》曰："鄭交甫逢二女，魃服。"

馬貳 67_1

○疕蟲魃去人馬

北壹·倉頡篇 40

○魃衸姆再

漢印文字徵

○射魖

漢印文字徵

○辟非射魖

【魖】

《說文》：魖，鬼兒。从鬼虎聲。

【𩴱】

《說文》：𩴱，鬼俗也。从鬼幾聲。《淮南傳》曰："吳人鬼，越人𩴱。"

【魕】

《說文》：魕，鬼彰聲，魕魕不止也。从鬼需聲。

【傀】

《說文》：傀，鬼變也。从鬼化聲。

【魌】

《說文》：魌，見鬼驚詞。从鬼，難省聲。讀若《詩》"受福不儺"。

【覣】

《說文》：覣，鬼皃。从鬼賓聲。

【醜】

《說文》：醜，可惡也。从鬼酉聲。

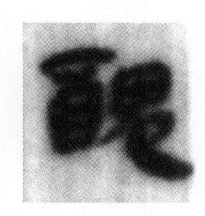

睡·語書 12

○詩醜言庶儦

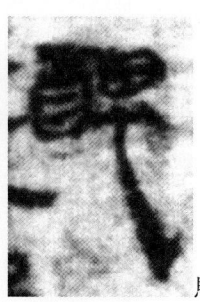

馬壹 85_132

銀貳 1537

○爲數醜或進

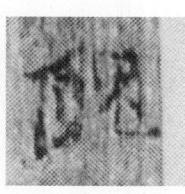

敦煌簡 0788

秦代印風

廿世紀璽印三-SY

漢印文字徵

漢晉南北朝印風

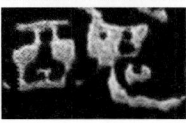

東漢·楊震碑

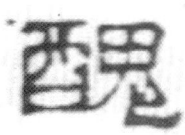

東漢·譙敏碑

北魏·馮迎男誌

北魏·元思誌

北魏·長孫忻誌

北魏·于景誌

北魏·元恭誌

北魏·崔隆誌

【魋】

《説文》：魋，神獸也。从鬼隹聲。

里·第八層 1864

○孟魋左過其

金關 T24：888

○魋年廿五

【魑】

《説文》：魑，鬼屬。从鬼从离，离亦聲。

北魏·張正子父母鎮石

○魑魅魍魎

【魔】

《説文》：魔，鬼也。从鬼麻聲。

北魏·封魔奴誌

東魏·李顯族造像

東魏·邑主造像訟

【魘】

《説文》：魘，寢驚也。从鬼厭聲。

〖厬〗

漢印文字徵
○陳厬

漢印文字徵

○秦厬

〖魌〗

北齊·狄湛誌

〖魊〗

漢印文字徵
○盛魊之印

〖魎〗

北魏·張正子父母鎮石

〖魍〗

北魏·張正子父母鎮石
○魑魅魍魎

〖魏〗

睡·為吏21
○孫魏戶律

4302

金關 T09:099

秦代印風

○魏芻

廿世紀璽印三-SY

○魏章

東漢・魏元丕碑額

○魏君之

東漢・子游殘碑

北魏・穆玉容誌蓋

北魏・元洛神誌蓋

北魏・宋靈妃誌蓋

○魏故廣平郡君長孫氏宋墓誌

北魏・于纂誌蓋

○魏故銀青光祿大夫于君墓誌

北魏・元顯俊誌蓋

北魏・韓顯宗誌

○大魏使持節

北魏・趙謐誌

北魏・元澄妃誌

北魏・寇臻誌

北魏・石婉誌

4303

北魏·慈香慧政造像

○大魏神龜三年三月廿囗

北魏·王僧男誌蓋

○魏品一墓誌銘

北魏·李遵誌蓋

北魏·元壽安誌蓋

○魏侍中司空元公墓誌

東魏·崔令姿誌蓋

西魏·和照誌蓋

○魏故恒州刺史和照銘

# 甶部

## 【甶】

《説文》：甶，鬼頭也。象形。凡甶之屬皆从甶。

## 【畏】

《説文》：畏，惡也。从甶，虎省。鬼頭而虎爪，可畏也。

## 【㽙】

《説文》：㽙，古文省。

睡·日甲《詰》33

睡·日甲《詰》24

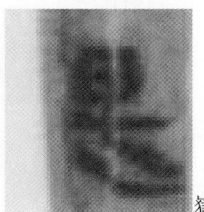

獄·同、顯盜殺人案 145

里·第八層 1459

○前書畏其不

馬壹 75_33

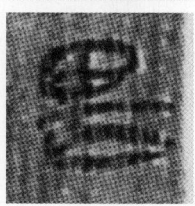

張·行書律 266

4304

銀壹 329

北貳・老子 160

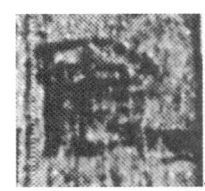

敦煌簡 1783
○賊殺畏子及三人

漢印文字徵
○段毋畏印

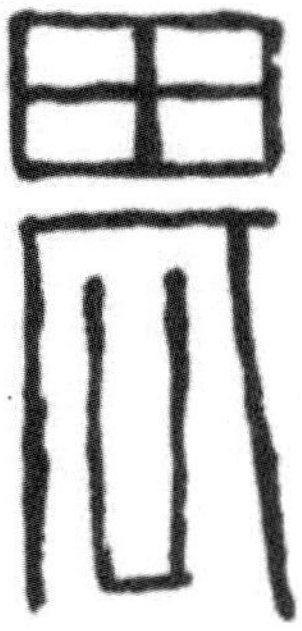

漢印文字徵
○賈畏

漢印文字徵
○三畏私印

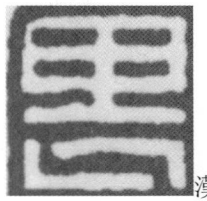

漢晉南北朝印風
○段毋畏印

詛楚文・沈湫
○不畏皇天上帝及巫

東漢・李固殘碑

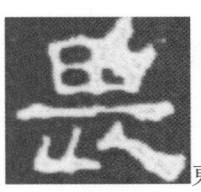

東漢・楊著碑額

東漢・鮮於璜碑陰

三國魏・三體石經尚書・古文
○遠念天畏

北朝・十六佛名號
○第十五壞一切世間怖畏佛

北魏·爾朱襲誌

北魏·元鸞誌

〇言兼夏畏

北魏·昭玄法師誌

北齊·無量義經二

北齊·李難勝誌

## 【禺】

《說文》：禺，母猴屬。頭似鬼。从由从内。

戰晚·十四年相邦冉戈

漢銘·蕃禺鼎一

漢銘·番禺壺

漢銘·禺氏洗

漢銘·蕃禺鼎二

漢銘·蕃禺鼎三

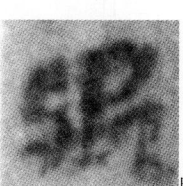

睡·日甲《歲》65

獄·占夢書12

〇夢之禺辱夢歌於宮

馬壹7_41上

張·蓋廬 37

銀貳 1213

敦煌簡 1448

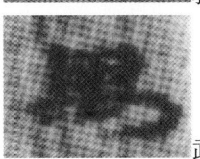

武·儀禮甲《服傳》31

秦代印風

○楊禺

廿世紀璽印三-GY

○漢匈奴栗借溫禺鞬

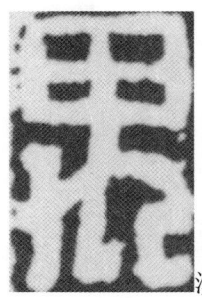

漢晉南北朝印風

○漢匈奴栗借溫禺鞬

漢印文字徵

○漢匈奴栗借溫禺鞬

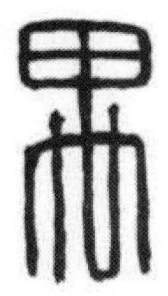

漢印文字徵

○禺官印

東漢·宋伯望買田刻石左

○禺亭長孫著是□□□

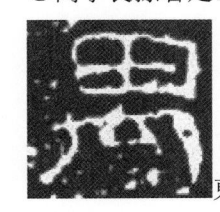

東漢·燕然山銘

東漢·宋伯望買田刻石正

○在山東禺亭西□

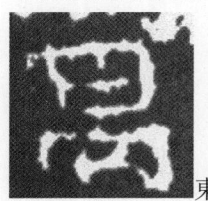

東魏·曇朗造像

○禺□位忘師

# 厶部

## 【厶】

《説文》：厶，姦衺也。韓非曰："蒼頡作字，自營爲厶。"凡厶之屬皆从厶。

戰晚·卅六年私官鼎

## 【篡】

《説文》：篡，屰而奪取曰篡。从厶算聲。

睡·封診式 71

張·具律 107

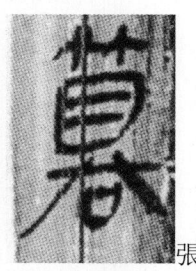

張·脈書 9

銀壹 322

銀貳 1233

東漢·曹全碑陽

○弒父篡位

西晉·石尠誌

北魏·張盧誌

## 【䛗】

《説文》：䛗，相訹呼也。从厶从羑。

## 【誘】

《説文》：䛗，或从言、秀。

## 【𧭲】

《説文》：𧭲，或如此。

## 【㕕】

《説文》：𧭲，古文。

誘 睡・秦律十八種 1

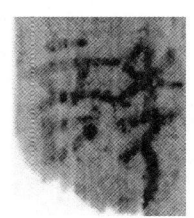

誘 里・第五層 5

誘 馬壹 111_14\365

誘 張・奏讞書 153

誘 張・蓋盧 39

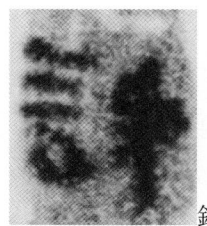

誘 銀壹 68

○而誘之以利

廿世紀壐印三-SY

○周誘

漢印文字徵

○周誘

漢晉南北朝印風

○周誘

北魏·郭法洛造像

北魏·元誘誌

北魏·元誘妻馮氏誌

# 嵬部

【嵬】

《說文》：嵬，高不平也。从山鬼聲。凡嵬之屬皆从嵬。

北壹·倉頡篇 61
○岑崩阮嵬陀阢

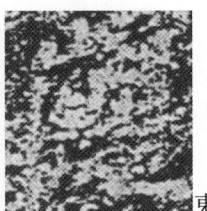

東漢·析里橋郙閣頌
○高山崔嵬兮

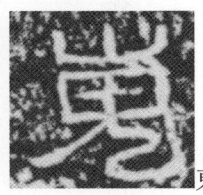

東漢·西狹頌
○刻㠯（陷）確嵬

東魏·叔孫固誌
○嵬峨龍輴

【巍】

《說文》：巍，高也。从嵬委聲。

漢銘·魏其侯盆

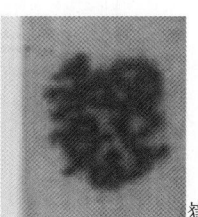

獄·魏盜案 164
○在巍（魏）即買大刀

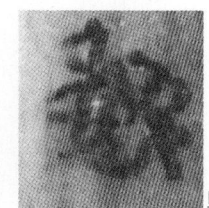

里·第八層 2098

○女子巍（魏）嬰

馬壹 90_252

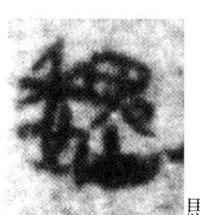

馬壹 89_233

○高平於巍（魏）反（返）王公

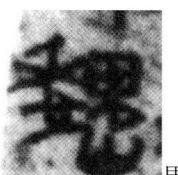

馬壹 85_144

○以小（少）割收巍（魏）

銀壹 158

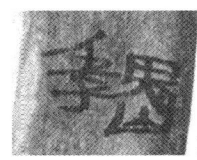

敦煌簡 0639A

○陳穀巍（魏）嬰

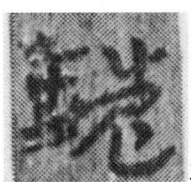

敦煌簡 0174

○以卒巍之功俟第

敦煌簡 1457B

○臣梁巍巍池未

廿世紀璽印二-SY

○巍（魏）寅

秦代印風

○巍（魏）登

秦代印風

○巍（魏）得之

秦代印風

○巍（魏）視

歷代印匋封泥

○宮巍（魏）

廿世紀璽印三-SY
○巍(魏)晏

廿世紀璽印三-SY
○巍(魏)長年

廿世紀璽印三-SY
○巍(魏)張

廿世紀璽印三-SY
○巍(魏)癕

漢晉南北朝印風
○巍(魏)部牧貳印

漢印文字徵
○孫貴巍(魏)

廿世紀璽印三-SY
○巍(魏)萬歲

漢印文字徵
○巍(魏)信成

漢印文字徵
○巍(魏)率善氐佰長

漢印文字徵
○巍(魏)其邑丞

漢印文字徵
○巍(魏)更

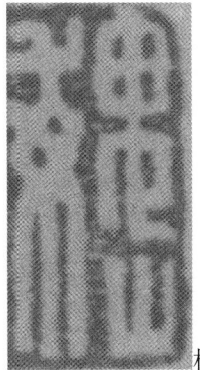

柿葉齋兩漢印萃
○巍(魏)公孫

漢印文字徵
○巍(魏)烏丸率善佰長

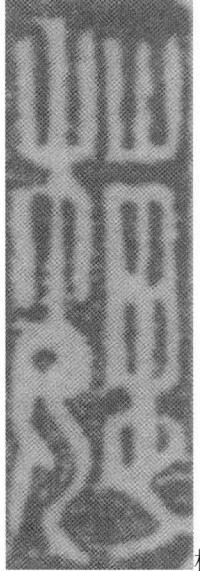

柿葉齋兩漢印萃
○巍(魏)屠各率善仟長

漢印文字徵
○巍(魏)郡太守章

歷代印甸封泥
○巍(魏)其邑丞

漢代官印選

柿葉齋兩漢印萃

○巍(魏)義之印

漢印文字徵

○巍(魏)宜印

漢印文字徵

○巍(魏)嫽

漢晉南北朝印風

廿世紀璽印四-GY

○巍(魏)率善氐邑長

漢晉南北朝印風

漢晉南北朝印風

漢晉南北朝印風

○巍(魏)率善胡仟長

漢晉南北朝印風

漢晉南北朝印風

漢晉南北朝印風

漢晉南北朝印風

漢晉南北朝印風

漢晉南北朝印風

○巍（魏）良私印

漢晉南北朝印風
○巍(魏)衆之印

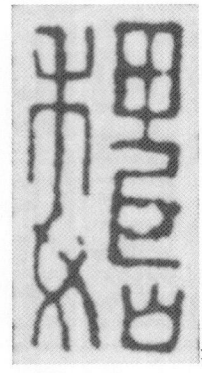

漢晉南北朝印風
○巍(魏)萬歲

漢晉南北朝印風
○巍(魏)長年

漢晉南北朝印風
○巍(魏)季君

漢晉南北朝印風
○巍(魏)友

漢晉南北朝印風
○巍(魏)霸

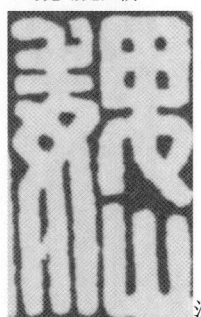

漢晉南北朝印風
○巍(魏)賞

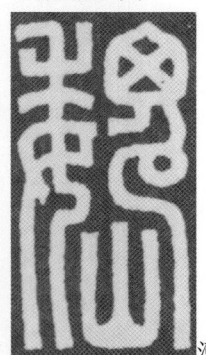

漢晉南北朝印風
○巍(魏)嫽

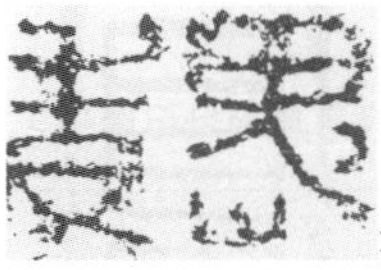

漢晉南北朝印風
○巍(魏)□

漢晉南北朝印風
○巍(魏)賞

漢晉南北朝印風
○巍(魏)大功

東漢・孔宙碑陰
○門生巍(魏)郡魏孟忠

東漢・肥致碑
○君師巍(魏)郡張吳

東漢・成陽靈臺碑
○巍(魏)郡

東漢・禮器碑側
○故丞巍(魏)令

東漢・石門頌
○都督掾南鄭巍整

晉・鄭舒妻劉氏殘誌
○巍(魏)琅耶太守

三國魏・謝君神道碑
○巍(魏)故長安典農中郎將

三國魏・鮑寄神座
○巍(魏)故處士陳郡鮑寄之神座

北魏・元繼誌蓋
○巍(魏)故大丞相江陽王銘

北魏・穆彥誌蓋
○巍(魏)故穆君之墓誌銘

北魏·元秀誌

○巍(魏)州刺史弘農簡公

北魏·韓顯宗誌蓋

○巍(魏)故著作郎韓君墓誌

北魏·寇治誌蓋

○巍(魏)故尚書寇使君墓誌

北魏·淨悟浮圖記

○大巍(魏)神瑞元年甲寅

北魏·楊範誌

○巍(魏)故弘農華陰潼鄉習仙里人

北魏·楊無醜誌

○巍(魏)故州刺史弘農簡公楊懿第四子之女

北魏·元譚妻司馬氏誌

北魏·元仙誌

○而器宇巍巍

北魏·元子直誌

○巍(魏)州刺史

東魏·長孫囘碑額

○巍(魏)故大中正長孫公墓銘

東魏·元光基誌蓋

○巍(魏)故侍中司空公吳郡王墓銘

北周·寇胤哲誌蓋

○巍(魏)故中正寇君墓誌銘

# 山部

## 【山】

《説文》：山，宣也。宣气散，生萬物，有石而高。象形。凡山之屬皆从山。

第九卷

秦代·麗山園鐘

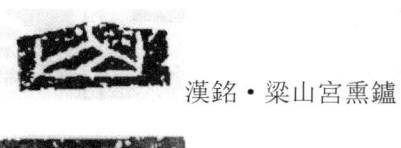

漢銘·黃山鼎

漢銘·梁山宮熏鑪

漢銘·橫山宮鐙

漢銘·黃山高鐙

漢銘·山陽邸鐙

漢銘·中山內府銅盆二

漢銘·中山內府銅鑊

睡·秦律十八種 119
〇縣所葆禁苑之傅山

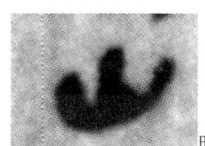

睡·日甲 2

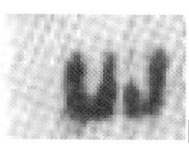

關·病方 345

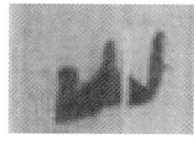

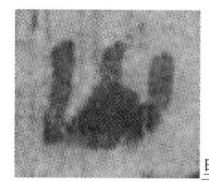

獄·癸瑣案 13

里·第八層 659

馬壹 85_135

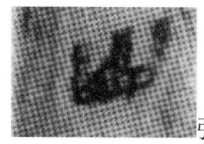

張·秩律 455

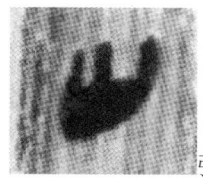

張·奏讞書 144

銀壹 474

金關 T01:092
〇登山卒莊歐

金關 T23:061

武·王杖 6

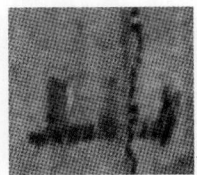

東牌樓 110

吳簡嘉禾・四・三〇五

○桐山丘男子唐遵

廿世紀璽印三-GP

○衡山發弩

秦代印風

○成山

秦代印風

○王中山

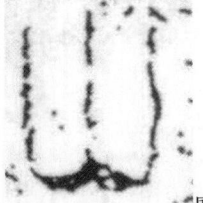

歷代印匋封泥

○盧山禁丞

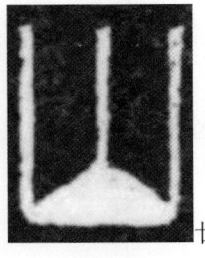

廿世紀璽印三-SY

○右師方山

漢晉南北朝印風

○博山侯家丞

漢晉南北朝印風

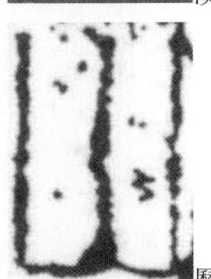

○泰山大尹章

漢代官印選

○博山侯印

漢代官印選

漢代官印選

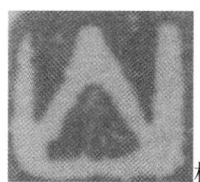

柿葉齋兩漢印萃

○申屠山印

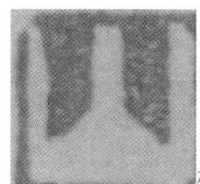

柿葉齋兩漢印萃

○張山柎印

漢印文字徵

○張印山都

漢印文字徵

○常山太守章

漢印文字徵

○山陽尉丞

漢印文字徵

○山桑侯相

漢印文字徵

○仲山□印

歷代印匋封泥

○山桑侯相

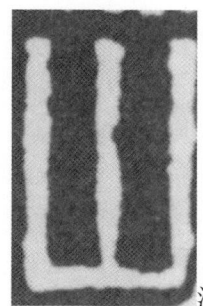

漢晉南北朝印風

漢晉南北朝印風

漢晉南北朝印風

漢晉南北朝印風

漢晉南北朝印風

漢晉南北朝印風

秦駰玉版

秦駰玉版

泰山刻石

東漢・孔宙碑陽

東漢・楊統碑陽

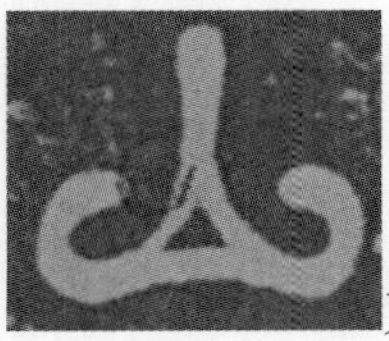

東漢・夏承碑

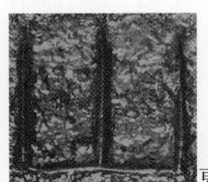

東漢・顏威山崖墓題記
○顏威山墓

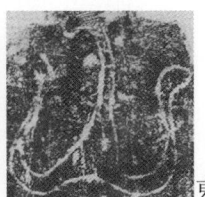

東漢・東安漢里刻石
○山魯市東安漢里禺石也

東漢・泰山都尉孔宙碑額
○有漢泰山都尉孔君之銘

北魏・淨悟浮圖記
○太乙山之靈巖寺品

北魏・楊胤季女誌

北魏・吐谷渾璣誌
○汶山公之世子

北魏・楊胤誌

北魏・王蕃誌
○于涼陰縣南清泉山

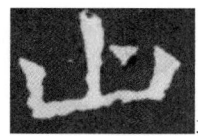

北魏・趙謐誌

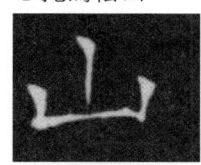

○掩駕松山

北魏・元誘妻馮氏誌

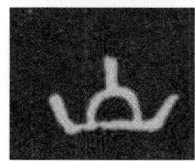

東魏・司馬韶及妻侯氏誌

北齊・高顯國妃敬氏誌

北齊・高阿難誌

北周・華岳廟碑額

○西岳華山神廟之碑

## 【嶽】

《説文》：嶽，東，岱；南，霍；西，華；北，恆；中，泰室。王者之所以巡狩所至。从山獄聲。

## 【岳】

《説文》：岳，古文象高形。

敦煌簡 2289

○岳兹豀谷

東漢・曹全碑陽

○承望崋嶝（嶽）

東漢・太室石闕銘

○中嶽泰室陽城崇高闕

東漢・王子移葬誌

東漢・桐柏淮源廟碑

東漢・西岳華山廟碑陽

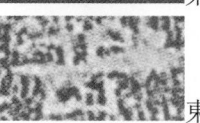

東漢・三公山碑

○德配五嶽

北魏・元隱誌

北魏・元壽安誌

北魏・元融誌

北魏・薛伯徽誌

北齊・崔頠誌

北齊・高淯誌

北周・華岳廟碑額
○西嶽華山神廟之碑

西晉・荀岳誌
○詔故中書侍郎荀岳

北魏・寇憑誌

北魏・嵩高靈廟碑額

北魏・元羽誌
○輟衮東嶽

北魏・元懷誌
○量高山岳

北魏・元朗誌
○資崐岳之神氣

北魏・寇偘誌
○昂昂岳峻

北魏・山徽誌
○疊岳連暉

北魏・笱景誌
○資川岳之靈

4324

北魏·吳光誌

【岱】

《說文》：岱，太山也。从山代聲。

漢印文字徵

○侯岱

北魏·寇治誌

○魯傾龜岱

北魏·元璨誌

○方冀承宸陟岱

東魏·崔令姿誌

○徽蘭茂於海岱

北齊·赫連子悅誌

○方欲扈金輿於岱岳

【島】

《說文》：島，海中往往有山可依止，曰島。从山鳥聲。讀若《詩》曰"蔦與女蘿"。

北魏·元瞻誌

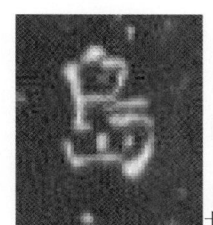

○戈船停島

北周·董榮暉誌

○垂惠政於滄島

【峱】

《說文》：峱，山，在齊地。从山狃聲。《詩》曰："遭我于峱之間兮。"

【嶧】

《說文》：嶧，葛嶧山，在東海下邳。从山睪聲。《夏書》曰："嶧陽孤桐。"

【嵎】

《說文》：嵎，封嵎之山，在吳楚之閒，汪芒之國。从山禺聲。

西晉·臨辟雍碑

西晉・臨辟雍碑

北魏・元弼誌

【嶷】

《說文》：嶷，九嶷山，舜所葬，在零陵營道。从山疑聲。

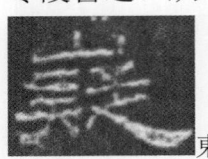

東漢・桐柏淮源廟碑

北魏・王悅及妻郭氏誌

北魏・元洛神誌

北魏・元純陀誌

○岐嶷發自韶年

北魏・元悌誌

北魏・元毓誌

北魏・于纂誌

北魏・元固誌

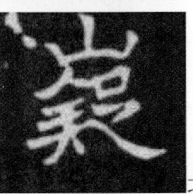

北魏・王基誌

北魏・元彥誌

東魏・趙紹誌

○公幼而岐嶷

【嶅】

《說文》：嶅，山，在蜀湔氐西徼外。从山敖聲。

【屼】

《說文》：屼，山也。或曰弱水之所出。从山几聲。

4326

## 【巆】

《說文》：巆，巆嶭山，在馮翊池陽。從山巆聲。

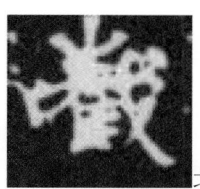

北周·華岳廟碑

○盤紆巆嶭

## 【嶭】

《說文》：嶭，巆嶭山也。從山辥聲。

睡·日甲《詰》31

○是地嶭（蠥）居

北周·華岳廟碑

○盤紆巆嶭

## 【崋】

《說文》：崋，山，在弘農華陰。從山，華省聲。

馬壹 85_132

○崋軍秦戰

北壹·倉頡篇 61

○崋巒岑崩

漢印文字徵

○崋騶邪印

漢印文字徵

○崋房

漢印文字徵

○崋陰丞印

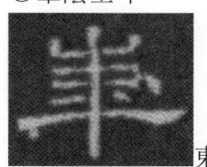

東漢·曹全碑陽

○望華（崋）山

東漢·曹全碑陽

○承望華（崋）嶽（嶽）

東漢·西岳華山廟碑陽

○主者掾華（崋）陰王萇

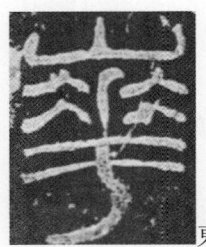

東漢·西岳華山廟碑額

○西嶽崋山廟碑

【崞】

《說文》：崞，山，在鴈門。從山㫗聲。

【崵】

《說文》：崵，崵山，在遼西。從山昜聲。一曰嵎鐵崵谷也。

【岵】

《說文》：岵，山有草木也。從山古聲。《詩》曰："陟彼岵兮。"

北魏·元彧誌

北魏·源延伯誌

北齊·天柱山銘

【屺】

《說文》：屺，山無草木也。從山己聲。《詩》曰："陟彼屺兮。"

東魏·元阿耶誌

○瞻屺無見

北齊·傅華誌

○陟屺晨望

北齊·徐之才誌

○陟屺興詠

【嵒】

《說文》：嵒，山多大石也。從山，學省聲。

【嶅】

《說文》：嶅，山多小石也。從山敖聲。

北魏·論經書詩

【岨】

《說文》：岨，石戴土也。從山且聲。《詩》曰："陟彼岨矣。"

北魏·李謀誌

○地帶險岨(阻)

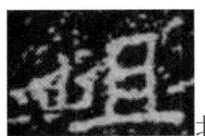

北魏·論經書詩

○澗岨(阻)禽迹迷

東魏·叔孫固誌

○備嘗險岨(阻)

【岡】

《説文》：岡，山骨也。从山网聲。

馬貳 34_34 上

廿世紀璽印三-GY

○武岡長印

漢印文字徵

○張糸岡

北齊·暴誕誌

【岑】

《説文》：岑，山小而高。从山今聲。

漢銘·更始泉範一

敦煌簡 0639B

○贛岑露騫彭績秦

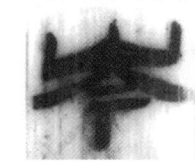

北壹·倉頡篇 61

○華巒岑崩

吳簡嘉禾·五·四二五

○黃岑佃田十五町

廿世紀璽印三-SY

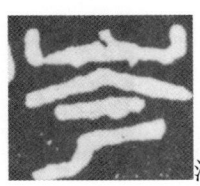

漢晉南北朝印風

漢印文字徵

○崔岑私印

漢印文字徵

漢印文字徵

漢印文字徵

漢印文字徵

漢印文字徵

漢晉南北朝印風

東漢・簿書殘碑

○上君遷王岑鞫田

北齊・斛律氏誌

○若夫玉產荊岑

【崟】

《說文》：崟，山之岑崟也。从山金聲。

北魏・登百峯詩

○丘崟高雲

北魏・元昭誌

○嶔崟自峻

【崒】

《說文》：崒，危高也。从山卒聲。

漢印文字徵

○崒伯

4330

漢印文字徵

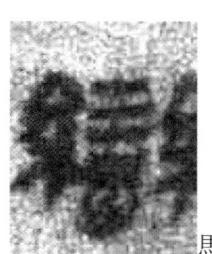

○崒拾之印

【巒】

《說文》：巒，山小而銳。从山䜌聲。

馬壹 130_22 上\99 上

○而巒（欒）營行

北壹・倉頡篇 61

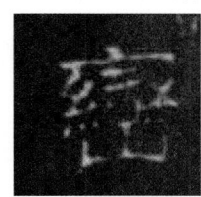

○（華）巒岑崩

北魏・笱景誌

北魏・李端誌

○信封巒之

北周・華岳廟碑

【密】

《說文》：密，山如堂者。从山宓聲。

漢銘・淳于嚳

睡・為吏 5

○微密鐵（纖）察

嶽・為吏 75

里・第八層 1079

馬貳 231_117

○稻密（蜜）精一

馬貳 210_83

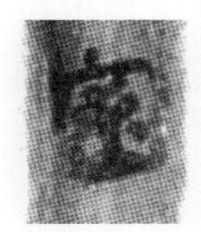

張·秩律 458

金關 T32:C41

武·甲《犆牲》14

○鼎除密（鼏）宗

秦代印風

○莊密

廿世紀璽印三-GP

○陰密丞印

廿世紀璽印三-GP

○高密丞印

廿世紀璽印三-GY

○高密侯相

漢印文字徵

○密兄

歷代印匋封泥

○高密丞印

歷代印匋封泥

○下密丞印

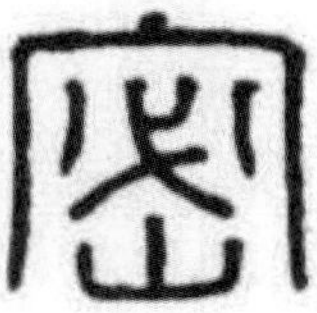

漢印文字徵

○高密丞印

漢印文字徵

○下密丞印

漢印文字徵

○密牟增

漢印文字徵

○密遂

柿葉齋兩漢印萃

○高密侯相

廿世紀璽印四-SY

漢晉南北朝印風

○試守陰密令印

東漢・樊敏碑

東漢・西岳華山廟碑陽

東漢・孫仲隱墓刻石

東漢・趙寬碑

西晉・成晃碑

北魏・元弼誌

北魏・李伯欽誌

北魏・元演誌

北魏・劉華仁誌

○志密心恭

北魏・李超誌

北魏・元悌誌

東魏・元季聰誌蓋

○魏故司徒千乘李公命婦高密長公主銘

北齊・婁黑女誌

北齊・逢哲誌

○北海下密人也

【岫】

《說文》：岫，山穴也。从山由聲。

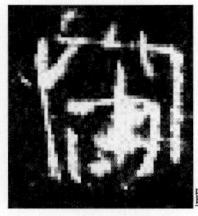

【𥨸】

《說文》：𥨸，籀文从穴。

戰晚・二十五年上郡守廟戈

○奴工師颶窗丞

北魏・山徽誌

北魏・元玨誌

北魏・慈慶誌

北魏・元秀誌

北魏・李伯欽誌

北齊・姜纂造像

北齊・法懃塔銘

4334

北周·華岳廟碑

## 【陵】

《說文》：陵，高也。从山夌聲。

## 【峻】

《說文》：峻，陵或省。

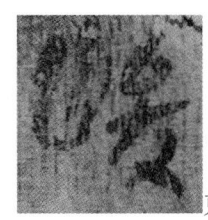

東牌樓 051 正

○思累峻不得到出入

漢印文字徵

○劉峻印信

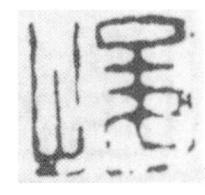

漢晉南北朝印風

○劉峻印信

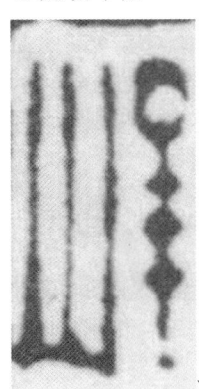

漢晉南北朝印風

○劉峻

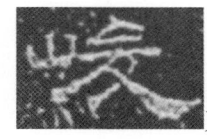

東漢·桐柏淮源廟碑

○宮廟嵩峻

東漢·封龍山頌

○嵯峨崍峻

北魏·元璨誌

○卓然峻遠

北魏·論經書詩

○雲峻期登陟

北魏·元詮誌

○玄猷岳峻

北魏·王普賢誌

○桀節峻概

北魏·元廣誌

○崇基岳峻

○重明峻發
北魏・吐谷渾璣誌
○泉鄉杳峻
北魏・元進誌
○四德獨峻
北魏・宇文永妻誌 
○峻潔秋貞
北魏・元引誌 
○岐嶷聰峻 
北魏・元瓚誌
北魏・郭顯誌
北魏・元暐誌 
北魏・元悰誌 

○層峰與嵩崿比峻
北魏・穆彥誌 
○惟岳之峻
北魏・元馗誌 
○風儀峻削
北魏・王悅及妻郭氏誌 
○並以風標峻整
北魏・元寶月誌 
○峻碣重尋
北魏・寇憑誌 
○稟氣于峻岳
東魏・元仲英誌 
○峻軌遽淪
北齊・張海翼誌 
○壇牆嚴峻

北齊·暴誕誌

北齊·赫連子悅誌

## 【隋】

《説文》：䧢，山之墮墮者。从山，从嶞省聲。讀若相推落之䧢。

## 【㠭】

《説文》：㠭，尤高也。从山㠭聲。

## 【崛】

《説文》：崛，山短高也。从山屈聲。

北魏·元顥誌

○崇峰崛起

北周·掌恭敬佛經摩崖

○掌恭敬向耆闍崛

## 【巆】

《説文》：巆，巍高也。从山榮聲。

讀若䨲。

## 【峰】

《説文》：峯，山耑也。从山夆聲。

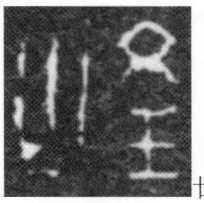

廿世紀璽印三-SY
○蘇毓峰印

北魏·元維誌

北魏·楊乾誌

北魏·元暉誌

北魏·馮季華誌

北魏·元子直誌

○高峰本於極天

北魏・元祐誌

北魏・元羽誌

○煙峰碎嶺

【巖】

《說文》：巖，岸也。从山嚴聲。

漢印文字徵
○劉巖

東漢・東漢・魯峻碑陽

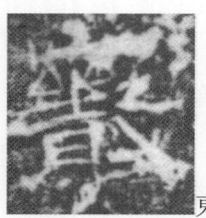

東漢・元嘉元年畫像石墓題記
○巖巖繆君

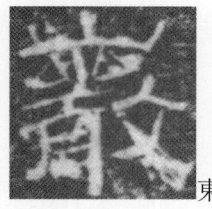

東漢・元嘉元年畫像石墓題記
○巖巖繆君

北魏・元悎誌

北魏・元曄誌
○唯荊之巖

北魏・侯剛誌

北魏・元譚妻司馬氏誌

北魏・李榘蘭誌

北魏・楊胤誌

北魏・元廣誌

北魏・元弼誌

東魏・劉懿誌

東魏・廉富等造義井頌

【嵒】

《說文》：嵒，山巖也。從山、品。讀若吟。

北周・韋彪誌

○嵒嵒五岳

北周・韋彪誌

○嵒嵒五岳

【崟】

《說文》：崟，崯也。從山絫聲。

【崒】

《說文》：崒，山兒。從山皋聲。

【峼】

《說文》：峼，山兒。一曰山名。從山告聲。

【隓】

《說文》：隓，山兒。從山陸聲。

【嵯】

《說文》：嵯，山兒。從山𢀖聲。

東漢・曹全碑陽

東漢・封龍山頌

○嵯峨崍峻

東魏・邑主造像訟

○峨嵯嵳谷之濱

北齊・劉碑造像

【峨】

《說文》：峨，嵯峨也。從山我聲。

東漢・曹全碑陽

○闕嵯峨

三國魏・曹真殘碑

北魏・元肅誌

北魏・元頊誌

北魏・康健誌

○峨峨宏族

【崝】

《說文》：崝，嶸也。从山青聲。

【嶸】

《說文》：嶸，崝嶸也。从山榮聲。

北魏・元壽安誌

○崝嶸

北周・華岳廟碑

○崝嶸

【崆】

《說文》：崆，谷也。从山巠聲。

【嵎】

《說文》：嵎，山壞也。从山朋聲。

【𨹙】

《說文》：𨹙，古文从𠂤。

【崛】

《說文》：崛，山脅道也。从山弗聲。

北壹・倉頡篇 13

○孃姪髴崛經枲

廿世紀璽印三-SY

○任崛

漢印文字徵

○任弟

漢印文字徵

○弟其丞印

【嵍】

《說文》：嵍，山名。从山孜聲。

【嶢】

《說文》：嶢，焦嶢，山高皃。从山堯聲。

北魏·趙廣者誌

北魏·穆彥誌

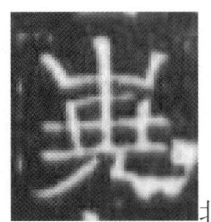

北齊·雲榮誌

○雲構昭嶢

【嶘】

《說文》：嶘，山陵也。从山戔聲。

【嵕】

《說文》：嵕，九嵕山，在馮翊谷口。从山㚇聲。

【岬】

《說文》：岬，陜隅，高山之節。从山从甲。

【崇】

《說文》：崇，嵬高也。从山宗聲。

漢銘·新衡杆

漢銘·新嘉量一

漢銘·新嘉量二

漢銘・永元七年鐵

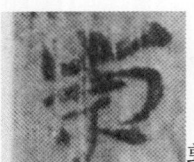

敦煌簡 0497
○候劉崇與相張紹等

金關 T23:918A
○崇叩頭請

武・甲《有司》28

吳簡嘉禾・五・九八四
○蒴崇佃田一町凡

魏晉殘紙

廿世紀璽印三-SY
○鄧崇私印

廿世紀璽印三-SY
○王崇私印

漢印文字徵
○郭崇

柿葉齋兩漢印萃
○侯崇私印

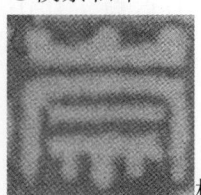

柿葉齋兩漢印萃
○王崇私印

漢印文字徵
○王崇之印信

漢印文字徵

○張崇

漢晉南北朝印風

○崇丘男典祠長

漢晉南北朝印風

○王崇之印信

漢晉南北朝印風

○王崇私印

漢晉南北朝印風

○恒崇私印

東漢·成陽靈臺碑

東漢·西岳華山廟碑陽

三國魏·三體石經尚書·隸書

三國魏·張君殘碑

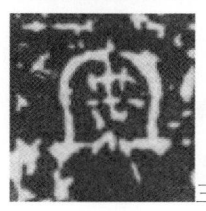

三國魏·三體石經尚書·古文

○其崇出於不祥

西晉·臨辟雍碑

北魏·穆亮誌

北魏・元廣誌

北魏・元恭誌

北魏・元顥誌

北齊・張世寶造塔記

○無以鑒崇

北齊・高百年誌

北齊・高僧護誌

○岳胤隆崇

【崔】

《說文》：崔，大高也。从山隹聲。

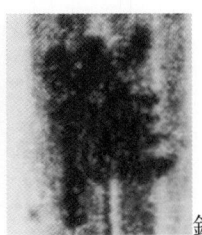

銀壹 595

敦煌簡 0268

○楊崔年三十三

金關 T07:040

○明里崔親

廿世紀璽印二-SP

○咸陽工崔

歷代印匋封泥

漢印文字徵

歷代印匋封泥
○崔敞私印

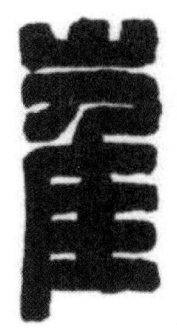

漢印文字徵

漢印文字徵

漢印文字徵

漢印文字徵

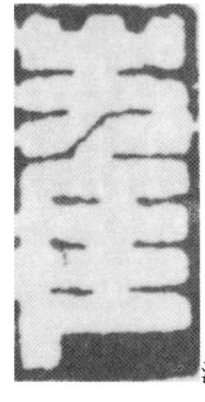

漢晉南北朝印風
○崔勝

廿世紀璽印四-SP

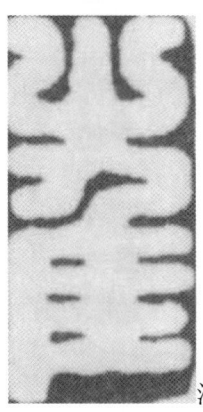

漢晉南北朝印風
○崔湯

東漢・崔顯人墓磚
○彭城水丞崔顯

北魏・楊君妻崔氏誌

北魏·盧令媛誌

東魏·崔令姿誌蓋

○大魏征北將軍金紫光祿大夫南陽鄧恭伯夫人崔氏之墓誌銘

北周·崔宣靖誌蓋

【嶙】

《說文》：嶙，嶙峋，深崖皃。從山粦聲。

【峋】

《說文》：峋，嶙峋也。從山旬聲。

【岌】

《說文》：岌，山高皃。從山及聲。

東魏·李憲誌

【嶠】

《說文》：嶠，山銳而高也。從山喬聲。古通用喬。

北魏·元顥誌

○曾嶠迥立

北周·寇嶠妻誌

○邵州刺史寇嶠妻

【嶔】

《說文》：嶔，山深皃。從山欽省聲。

【嶼】

《說文》：嶼，島也。從山與聲。

【嶺】

《說文》：嶺，山道也。從山領聲。

北魏·鄭黑誌

○遷窆於秀靈

北魏·元珽誌

北魏·穆亮誌

北魏·元羽誌

東魏·王令媛誌

北齊·道明誌

【嵐】

《說文》：嵐，山名。从山，葻省聲。

北齊·劉雙仁誌

北齊·庫狄迴洛誌

【嵩】

《說文》：嵩，中岳，嵩高山也。从山从高，亦从松。韋昭《國語》注云："古通用崇字。"

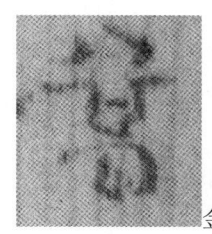

金關 T32:032A

○張嵩用百五十

吳簡嘉禾·三零四七

○閤李嵩吏黃諱潘廬

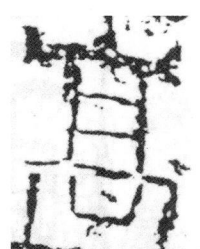

歷代印匋封泥

○四嵩

漢印文字徵

漢晉南北朝印風

漢晉南北朝印風
○杜嵩之信印

東漢・桐柏淮源廟碑

東晉・高崧妻誌
○廣陵高嵩夫人

北魏・王普賢誌

北魏・元嵩誌

北魏・元鑒誌

北魏・元羽誌

北魏・嵩顯寺碑額
○敕賜嵩顯禪寺碑記

北魏・嵩高靈廟碑額
○中岳嵩高靈廟之碑

北周・賀屯植誌

【崑】

《説文》：崑，崑崙，山名。从山昆聲。《漢書》揚雄文通用昆侖。

東漢・肥致碑

北魏・元朗誌
○資崑岳之神氣

北魏·元斌誌

○分峰崐岳

北魏·元孟輝誌

北魏·王普賢誌

○崐璧委燼

北魏·元彬誌

北齊·崔芬誌

○則疊起於崐山

【崙】

《說文》：崙，崑崙也。从山侖聲。

漢印文字徵

○簡崙私印

東漢·肥致碑

北魏·元舉誌

北魏·元弼誌

【嵇】

《說文》：嵇，山名。从山，稽省聲。奚氏避難特造此字，非古。

北魏·元颺誌

○追嵇阮以爲儔

北齊·和紹隆誌

○嵇生方軌

【屹】

北魏·元液誌

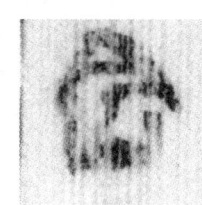

○鴻基鬼屹

【㞢】

睡·為吏48

○毋佥((矜) 佥(矜)

馬壹 171_15 上

○天佥(岑)在西南

馬貳 225_52

漢印文字徵

○佥(岑)咸

漢印文字徵

○佥(岑)定國

〖岁〗

漢印文字徵

○張岕印信

〖岢〗

金關 T01:029

○關毋岢留止敢言之

漢印文字徵

○賈岢之印

漢印文字徵

○臣岢

北齊・劉雙仁誌

〖岬〗

北魏・元則誌

〖岻〗

北齊・僧靜明等造像碑

○邑子梁遵岇

〖岇〗

北周・田弘誌

○起於沙麓之峁

〖峁〗

漢印文字徵

○臣峁

〖岷〗

北魏・元願平妻王氏誌

北魏・盧子真夫人誌

○日庚辰葬在城東岷山之陽恐

〖峁〗

北齊・雲榮誌

○雲構岹嶢

北齊・暴誕誌

〖峙〗

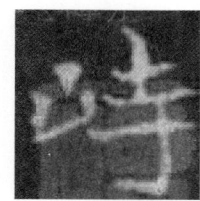

北魏・元寶月誌

北魏・元顥誌

北魏・元纂誌

北魏・王普賢誌

北齊・張海翼誌

〖峏〗

北齊・柴季蘭造像

〖峘〗

4351

北魏·元繼誌
○峨峨岠崵

〖崍〗

東漢·封龍山頌
○嵯峨崍峻

〖峽〗

北魏·元子直誌
○陵履三峽

〖峨〗

北魏·元昭誌
○猶削峨之居衆埠

〖峭〗

北魏·楊乾誌

北魏·元崇業誌

北魏·叔孫協及妻誌

東魏·元均及妻杜氏誌

北齊·婁黑女誌

北周·華岳廟碑

〖峴〗

北齊·高潤誌

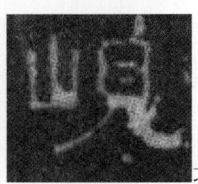

北齊·感孝頌

北周·華岳廟碑

〖峪〗

第九卷

東魏·南宗和尚塔銘
○師世家砂侯社水峪村人氏

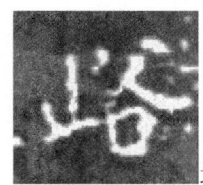

北齊·張潔誌
○瓊娠瓊峪

【峗】
北魏·徐淵誌 
○君運深慮於峗峰

【峒】
北周·李元海造像 

【崎】
廿世紀璽印三-SY 
○劉崎之印

東漢·桐柏淮源廟碑

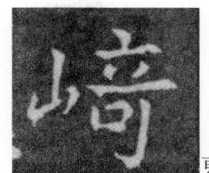

東魏·杜文雅造像

【崍】
北周·宇文瓘誌 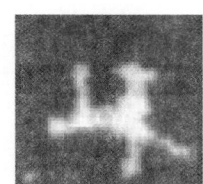
○源導崛崍

【崦】
北齊·元賢誌 

【崗】
東漢·北海太守爲盧氏婦刻石 
○彼崇者崗

北魏·王悅及妻郭氏誌
○定陵西崗

北魏·元恭誌
○怨滿松崗

4353

北魏・王誦誌
○申陟崗之永思

北魏・元舉誌
○痛軫登崗

北魏・元禮之誌
○崎嶁之北崗

北魏・馮邕妻元氏誌

北魏・元嵩誌
○窆於河陰縣穀水之北崗

北魏・元鑒誌
○於長陵之東崗

北魏・元始和誌
○遷葬西陵之北崗

北魏・張正子父母鎮石

東魏・陸順華誌
○玉出崐崗

【娄】

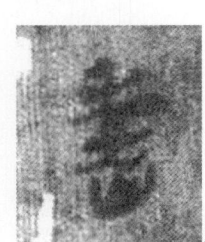

馬壹 75_40
○娄（魏）州餘果與隋會出

馬壹 75_29
○娄（魏）州餘來也

【崤】

東漢・五瑞圖摩崖

北魏・長孫盛誌

北魏・元昭誌

〖崝〗

東漢・白石神君碑
〇登崝嶸

北魏・元壽安誌
〇崝嶸

北魏・論經書詩
〇崝嶸

〖崩〗

馬壹 36_27 上
〇北喪崩（朋）西南

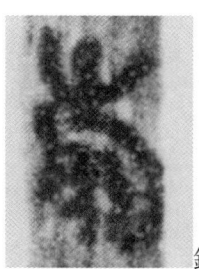

銀壹 747

北壹・倉頡篇 61
〇巒岑崩阮嵬

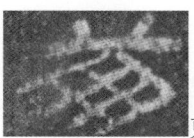

東漢・肥致碑

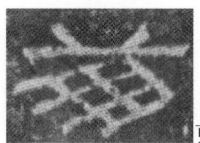

東漢・肥致碑
〇歲在丙子崩

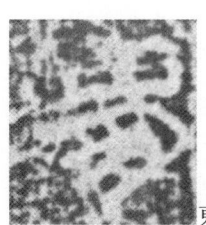

東漢・熹平石經殘石五

東漢・孔宙碑陽
〇會鹿鳴於樂崩

西晉・臨辟雍碑

○三方分崩

北魏・元子直誌

北魏・李媛華誌

北周・寇嶠妻誌

【崙】

北壹・倉頡篇 39

○崙晉諫敦

漢晉南北朝印風

○山崙印信

【崌】

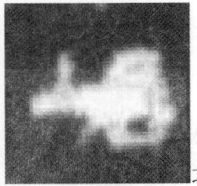

北周・宇文瓘誌

○源導崌崍

【崿】

北魏・元愔誌

○層峰與嵩崿比峻

北魏・寇治誌

北魏・尉氏誌

○層基與嵩崿同高

北魏・元彥誌

○崑山墜崿

【嶱】

北魏・元繼誌

4356

【崒】

漢印文字徵

○馬崒

【峻】

北周·王鈞誌

○後眺九峻之崿

北周·王德衡誌

○後眺九峻之崿

【嶅】

北齊·李稚廉誌

北齊·高顯國妃敬氏誌

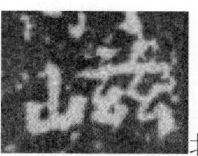

北齊·元賢誌

【嵀】

北魏·元平誌

○敷化嵀蜀

北齊·元賢誌

○嵀山再陟

【嵕】

北魏·高廣誌

○窆於洛陽之北嵕

【嵈】

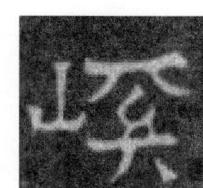

東魏·廉富等造義井頌

○彌綸千嵈

【嶄】

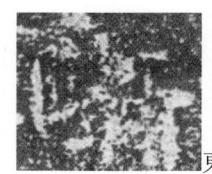

東漢·析里橋郙閣頌

○又醳散關之嶄漯

【嶇】

東漢・桐柏淮源廟碑

北魏・元緒誌

【嵿】

北魏・論經書詩

○合蓋高頂極

北魏・太基山銘告

○及四面巖頂上嵩岳

【嶺】

睡・為吏 11

○彼邦之嶺（傾）

【嶙】

東魏・杜文雅造像

○崎嶙（嶇）齊物

【嶸】

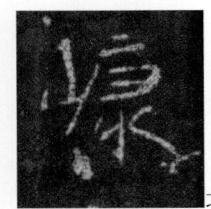

北魏・元禮之誌

○崎嶸之北崗

【嶂】

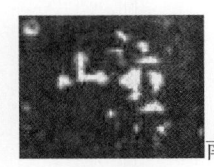

南朝梁・王慕韶誌

○松嶂蔥青

【嶕】

北魏・穆彥誌

【嶔】

東漢・五瑞圖摩崖

北魏・元昭誌

【嶓】

北魏・元緒誌

○嶓冢崎嶇

【嶒】

北魏·元瞻誌

○架群輦而崚嶒

【嵧】

北魏·元顯俊誌

北齊·智度等造像

北齊·唐邕刻經記

【嶮】

北魏·元延明誌

○巖嶮縈帶

北魏·李謀誌

○地帶嶮阻

【嶸】

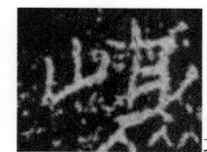

北魏·論經書詩

○巄嶸星路逼

【崘】

漢晉南北朝印風

○崘泠長印

【嶧】

北魏·鄭道忠誌

○窆於滎陽山嶧石澗北

【龎】

漢印文字徵

○馬師龎印

漢印文字徵

○師龎之印

漢印文字徵
○古寵之印

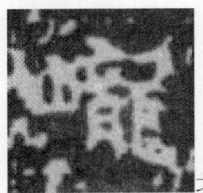

北魏・元徽誌
○巃暉無色

北魏・論經書詩
○巃嶸星路逼

【嶜】

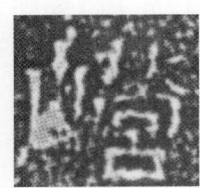

東漢・白石神君碑
○登崢嶜

【巋】

北魏・楊侃誌
○巋巖峻構

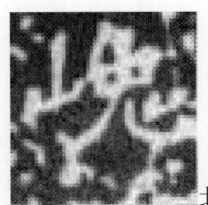

北魏・張猛龍碑
○巋巖千峰之上

【巔】

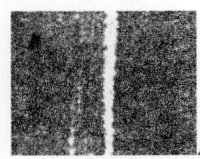

馬貳36_60上
○久登巔薄於天有一

東漢・石門頌
○屈曲流巔

東漢・北海相景君碑陽
○巔倒剝摧

北魏・長孫忻誌
○良木摧巔

北魏・李榘蘭誌

【巇】

十六國北涼・沮渠安周造像
○超昇其巇

北魏・論經書詩
○巇虹縈敇

4360

東魏·盧貴蘭誌

〇祖巘燕太子洗馬

## 屾部

【屾】

《說文》：屾，二山也。凡屾之屬皆從屾。

【嵞】

《說文》：嵞，會稽山。一曰九江當嵞也。民以辛壬癸甲之日嫁娶。從屾余聲。《虞書》曰："予娶嵞山。"

## 屵部

【屵】

《說文》：屵，岸高也。從山、厂，厂亦聲。凡屵之屬皆從屵。

【岸】

《說文》：岸，水厓而高者。從屵干聲。

秦代印風

〇司馬岸

漢印文字徵

漢代官印選

〇岸頭侯印

北魏·郭顯誌

〇岸谷將遷

北魏·王誦妻元妃誌

〇懼岸谷之易遷

北魏·元颺誌

○生而恢岸

北齊·狄湛誌

○儀容魁岸

【崖】

《說文》：崖，高邊也。从屵圭聲。

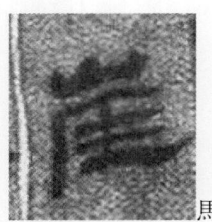

馬貳37_57下

廿世紀璽印三-GP

○高崖邑丞

漢印文字徵

○張崖光之印

西漢·李后墓塞石

○十辛巳佐崖工繒

東漢·西狹頌

北魏·元誘誌

北魏·唐雲誌

○獨立崖岸

北魏·王普賢誌

北齊·高阿難誌

【崔】

《說文》：崔，高也。从屵隹聲。

# 第九卷

## 【𡹔】

《說文》：𡹔，崩也。从屵肥聲。

## 【𡹻】

《說文》：𡹻，崩聲。从屵配聲。讀若費。

# 广部

## 【广】

《說文》：广，因广爲屋，象對刺高屋之形。凡广之屬皆从广。讀若儼然之儼。

## 【府】

《說文》：府，文書藏也。从广付聲。

戰晚·十三年少府矛

戰晚·五年相邦呂不韋戈二

戰晚·二年曱貫府戈

修武府耳盃

戰晚·廿三年少府戈

戰晚·寺工師初壺

秦·少府矛

漢銘·御銅卮錠二

漢銘·桂宮行鐙

漢銘·文帝九年句鑃七

漢銘・中私府鍾

漢銘・中山內府銅鑊

漢銘・府鼎

睡・秦律十八種 182

睡・法律答問 155

嶽・為吏 39

嶽・芮盜案 68

里・第八層 175

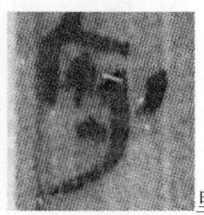

里・第八層背 71

○八守府快行尉曹

馬壹 38_23 上

○官六府不足盡稱之

馬貳 214_27/128

張・亡律 157

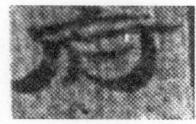

敦煌簡 0177

金關 T03:013A

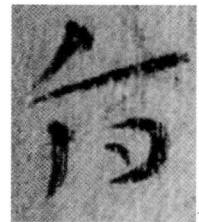

金關 T23:918B

○得守府聞

武·甲《少牢》14

東牌樓 050 正

北壹·倉頡篇 55

○陛堂庫府廥廄

魏晉殘紙

○徐府君

廿世紀璽印二-GP

廿世紀璽印二-GP

歷代印匋封泥

歷代印匋封泥

廿世紀璽印三-GY

歷代印匋封泥

歷代印匋封泥

歷代印匋封泥

歷代印匋封泥

歷代印匋封泥

秦代印風

秦代印風

秦代印風

秦代印風

秦代印風

歷代印匋封泥

秦代印風

廿世紀璽印三-GP

廿世紀璽印三-GP

漢晉南北朝印風

漢晉南北朝印風

○和府

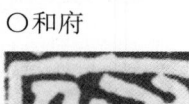

漢晉南北朝印風

○武徙府

漢晉南北朝印風

漢晉南北朝印風

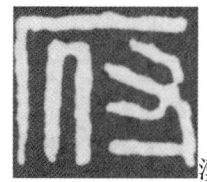

漢晉南北朝印風

廿世紀璽印三-GP

廿世紀璽印三-GY

廿世紀璽印三-GY

廿世紀璽印三-GY

廿世紀璽印三-GY

漢印文字徵

漢代官印選

漢代官印選

歷代印匋封泥

歷代印匋封泥

柿葉齋兩漢印萃

漢晉南北朝印風

東漢·夏承碑

東漢·王威畫像石墓題記

○王君威府舍

東漢·成陽靈臺碑

晉·趙府君闕

北魏·秦洪誌蓋

○魏故東莞太守秦府君墓誌

北魏·穆玉容誌蓋

北魏·楊宣碑額

北魏·寇憑誌

北魏·元仙誌

北魏·侯掌誌

北齊·赫連子悅誌

北齊·赫連子悅誌蓋

北齊·雲榮誌蓋

北周·寇嶠妻誌

【廱】

《說文》：廱，天子饗飲辟廱。从广雝聲。

漢銘·御銅金雖甒

馬壹 126_64 上

○重廱（甕）外內爲

廿世紀璽印二-SP

○華廱

漢印文字徵

○李龐

漢印文字徵

○龐安

漢印文字徵

○龐回

漢印文字徵

○龐允

漢印文字徵

○龐了之印

漢印文字徵

○董龐

漢印文字徵

○王龐山印

東漢・孔宙碑陽

【庠】

《說文》：庠，禮官養老。夏曰校，殷曰庠，周曰序。从广羊聲。

里・第八層 661

金關 T21:269

北魏·元繼誌

北魏·王基誌

北魏·唐雲誌

北魏·李伯欽誌

北周·崔宣默誌

漢銘·菑川太子家鑪

漢銘·陽泉熏鑪

獄·猩敞案 52

里·第八層 769
○山今廬（鱸）魚

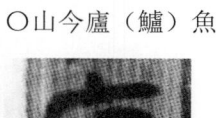

張·蓋廬 11

【廬】

《説文》：廬，寄也。秋冬去，春夏居。从广盧聲。

4370

張·脈書 13

銀貳 1172

敦煌簡 2130

金關 T30:262
○更鄴廬年廿四

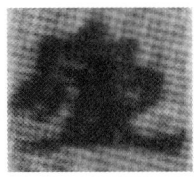

武·儀禮甲《服傳》4
○居倚廬寑（寢）

北壹·倉頡篇 55
○屏圂廬廡

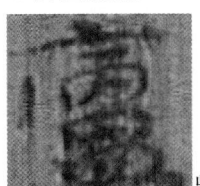

吳簡嘉禾·五·八一四
○男子廬邁佃田五町

廿世紀璽印三-GP
○廬丞之印

秦代印風
○南廬

廿世紀璽印三-GY
○朱廬執刲

漢代官印選
○廬江長史

漢代官印選
○廬江太守印章

漢印文字徵
○廬舜

漢印文字徵
○廬江天守章

漢印文字徵
○廬江御丞

漢印文字徵
○廬江豫守

漢印文字徵
○廬寬

漢晉南北朝印風
○廬陵太守章

漢晉南北朝印風
○韓廬

東漢・禮器碑側

東晉・黃庭經
○神廬之中務脩治

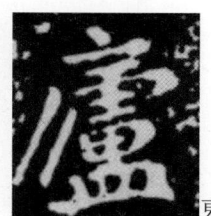

東晉・黃庭經

北魏・元宥誌

北魏·元文誌

東魏·陸順華誌

【庭】

《說文》：庭，宮中也。从广廷聲。

關·病方 365

○命在庭

里·第五層 35

里·第六層 2

里·第八層 556

馬壹 259_5 下\21 下

○爵宮庭以築牆

金關 T04:089

○延鉼庭里薛安世

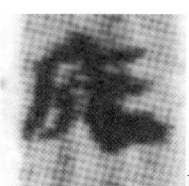

武·甲《少牢》23

東牌樓 048 背

漢代官印選

○掖庭令印

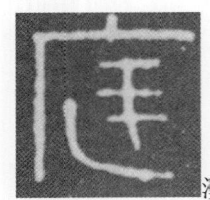

漢晉南北朝印風
○掖庭丞印
東漢・西狹頌 
東漢・成陽靈臺碑 
東漢・肥致碑 
北魏・王誦妻元妃誌 
○哀挽在庭
北魏・寇霄誌 
北魏・元冏誌 
○薨於郡庭

北魏・趙充華誌
○流光紫庭
北魏・李媛華誌 
○閨庭整峻
北魏・元瑾誌 
○正見空庭
北魏・元煥誌 
北魏・緱光姬誌 
北魏・緱靜誌 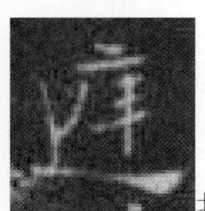
○公庭有濟濟之容
北魏・昭玄法師誌 
○道逸緇庭

東魏·馮令華誌

北齊·崔芬誌

〇侃侃公庭

【廇】

《說文》：廇，中庭也。从广畱聲。

【庉】

《說文》：庉，樓牆也。从广屯聲。

金關 T24:247B

〇居米庉中

北壹·倉頡篇 55

〇盧廡亭庉阤堂

【㢊】

《說文》：㢊，廡也。从广牙聲。《周禮》曰："夏㢊馬。"

【廡】

《說文》：廡，堂下周屋。从广無聲。

【廒】

《說文》：廒，籀文从舞。

睡·日甲 21

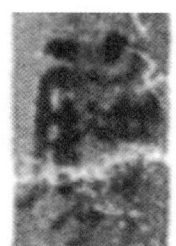

嶽·為吏 59

里·第八層 439

馬貳 79_223/210

武·甲《少牢》11

北壹·倉頡篇 55

〇盧廡亭庉

漢印文字徵

〇焦廡

北魏•元朗誌

北齊•赫連子悅誌

北齊•是連公妻誌

【廅】

《說文》：廅，庨也。从广虐聲。讀若鹵。

【庖】

《說文》：庖，廚也。从广包聲。

北朝•千佛造像碑

【廚】

《說文》：廚，庖屋也。从广尌聲。

漢銘•美陽鼎

漢銘•雎械陽鼎

漢銘•陶陵鼎二

漢銘•長安鋗

漢銘•櫟鼎

張•秩律471

○市亭廚有

金關 T07：008

○居延廚佐中宿里徐

金關 T07：009

廿世紀璽印三-GY

秦代印風

漢晉南北朝印風

漢晉南北朝印風
○旍郎廚丞

廿世紀璽印三-GP

漢印文字徵

漢印文字徵

東漢・元嘉元年畫像石墓題記一

北魏・元悌誌
○廚鹿朝駕

## 【庫】

《說文》：庫，兵車藏也。从車在广下。

戰晚・十三年少府矛

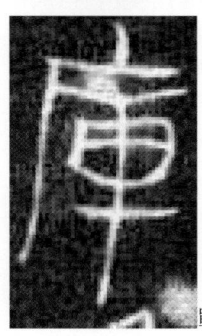

戰晚・廿二年臨汾守戈

戰晚・二年宜陽戈二

戰晚・廿一年音或戈

戰晚・春成左庫戈

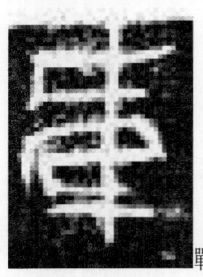

戰晚・二十五年上郡守廟戈

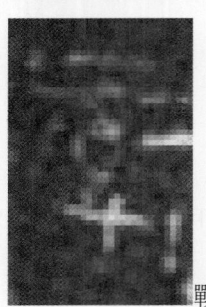

戰晚・上郡銅矛

漢銘・莒陽銅斧

漢銘・聖主佐宮中行樂錢

漢銘・武庫銅權

漢銘・汝陰侯鼎

漢銘・雒陽武庫鍾

漢銘・雎庫鋗

睡・效律 52

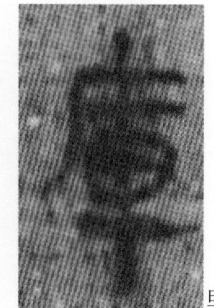

獄・為吏 82

里・第八層 173

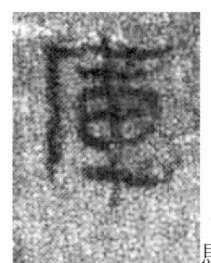

馬壹 135_49 下/126 下

張・秩律 461

銀壹 845

敦煌簡 0575A

○□极庫

金關 T04∶099

北壹・倉頡篇 55

吳簡嘉禾・四・六九

○日付庫吏潘有其旱

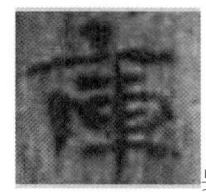

吳簡嘉禾・四・二八○

吳簡嘉禾・四・四四三

○日付庫吏潘有其旱

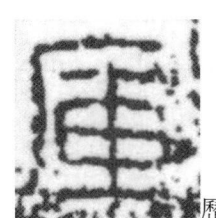

歷代印匋封泥

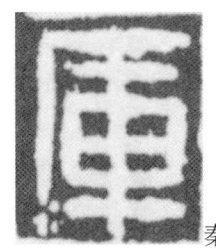

秦代印風

漢晉南北朝印風

○庫印

廿世紀璽印三-GP

廿世紀璽印三-GY

漢晉南北朝印風

漢代官印選

歷代印匋封泥

漢印文字徵

北魏·王禎誌

北齊·斛律昭男誌蓋
○齊故庫狄氏武始郡君斛律夫人墓誌銘

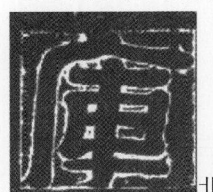

北齊·庫狄迴洛誌蓋
○齊故定州刺史太尉公庫狄順陽王墓銘

北齊·崔德誌

北齊·赫連子悅誌

【廄】

《說文》：廄，馬舍也。从广殳聲。

《周禮》曰："馬有二百十四匹爲廄，廄有僕夫。"

【𢊁】

《說文》：𢊁，古文从九。

睡·秦律十八種 17
○其大廄中廄

睡·秦律雜抄 29
○殿賁廄嗇夫一甲

里·第八層 163

4380

馬壹 138_12 上/154 上

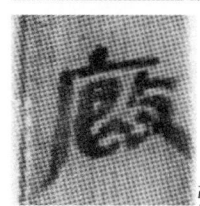

張・秩律 449

張・秩律 449

金關 T03:068

金關 T05:007

○丁亥廄嗇夫福兼行

北壹・倉頡篇 55

○庫府廥廄囷窖

廿世紀璽印二-GP

○廄璽

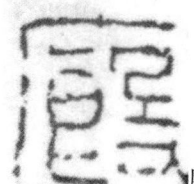

歷代印匋封泥

○宮廄丞印

秦代印風

○廄印

秦代印風

○章廄將馬

秦代印風

○小廄南田

歷代印匋封泥

○中廄

歷代印匋封泥

○小廄將

廿世紀璽印三-GP
○宮廄

歷代印匋封泥
○章廄丞印

廿世紀璽印三-GP
○章廄丞印

歷代印匋封泥
○中廄馬府

廿世紀璽印三-GP
○左廄

廿世紀璽印三-GP
○中廄馬府

漢晉南北朝印風

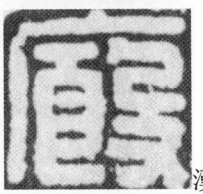

漢晉南北朝印風

廿世紀璽印三-GP
○齊中廄印

漢印文字徵
○未央廄丞

漢印文字徵
○廄印

歷代印匋封泥
○廄印

歷代印匋封泥
○齊中廄丞

漢印文字徵

〇梁廄丞印

漢印文字徵

〇薔川廄丞

漢印文字徵

〇甘陵廄丞

漢印文字徵

〇右馬將廄

漢代官印選

〇移中廄監

北周·叱羅協誌

〇故無入廄之期

【序】

《説文》：序，東西牆也。从广予聲。

馬壹 36_37 上

銀壹 430

〇序者所以厭門也

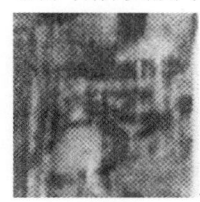

敦煌簡 0481A

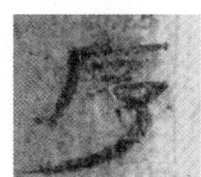

金關 T23∶767

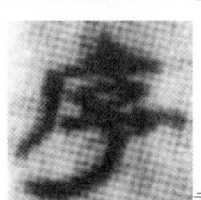

武·甲《特牲》47

東牌樓 146

〇序□□羡恙羕

北壹・倉頡篇 41

○廡序戍講

廿世紀璽印三-SP

○宋序私印

漢印文字徵

○王文序印

漢印文字徵

○樊序印信

漢印文字徵

○列序印信

歷代印匋封泥

○宋序私印

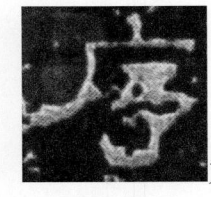

東漢・楊震碑

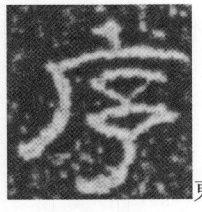

東漢・趙寬碑

北魏・李超誌

北魏・元囧誌

○西序王

北魏・元詮誌

北魏・王僧男誌

○接進有序

4384

北魏·元纂誌

北魏·于纂誌

北魏·元靈曜誌

北齊·趙徵興誌
〇縣開國侯趙君墓誌銘序

北周·須蜜多誌

【廦】

《說文》：廦，牆也。从广辟聲。

睡·封診式 81
〇去廦各四尺高

【廣】

《說文》：廣，殿之大屋也。从广黃聲。

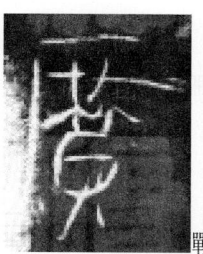

戰晚·廣衍矛

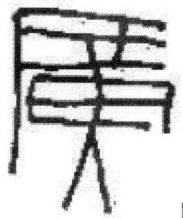

戰晚·廣衍戈

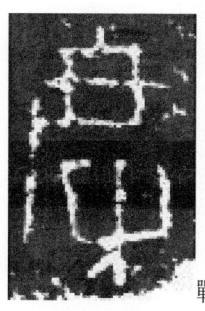

戰晚·丞廣弩牙

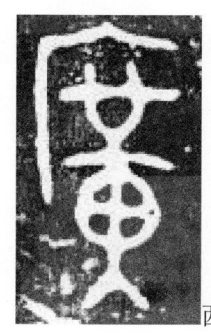

西晚·不其簋

漢銘・二年酒銷

漢銘・竟寧鴈足鐙

漢銘・廣陵服食官釘二

漢銘・元延乘輿鼎二

睡・法律答問 52

睡・封診式 80

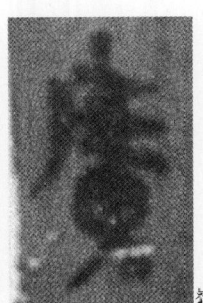

嶽・數 176

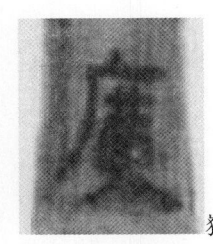

嶽・綰等案 242

里・第八層 455

里・第八層背 713

馬壹 106_75\244

馬貳 247_287

張・秩律 455

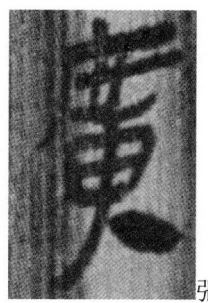

張・算數書 145

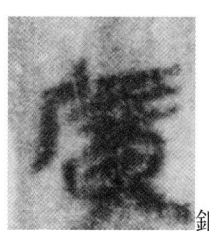

銀壹 279

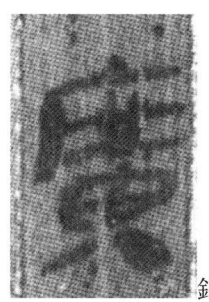

銀貳 1715

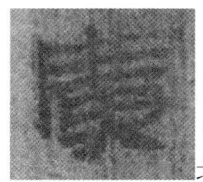

北貳・老子 13

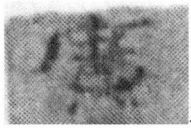

敦煌簡 1011
〇廣漢隧卒李舜

金關 T23：661
〇鱳得廣昌里虐富年

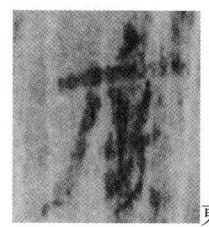

東牌樓 047 背

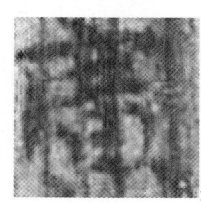

吳簡嘉禾・五・一五九
〇吏唐廣佃田十三町

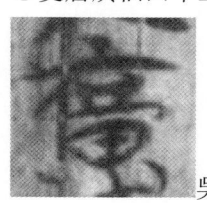

吳簡嘉禾・八二九八
〇入廣成鄉調羊皮一

秦代印風
〇姚廣

秦代印風
〇閭廣

秦代印風
〇任廣

秦代印風
○傅廣秦

廿世紀璽印三-GY
○廣陵宦謁

廿世紀璽印三-SY
○王廣私印

廿世紀璽印三-SY
○藺廣利印

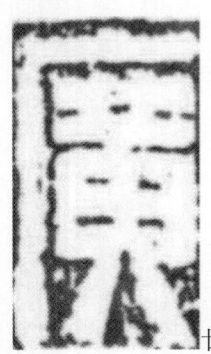

廿世紀璽印三-SY
○左廣

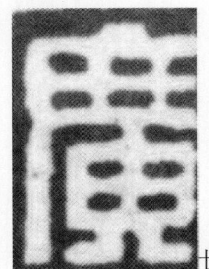

廿世紀璽印三-SY
○楊廣成

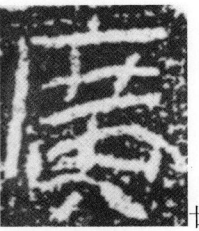

廿世紀璽印三-GY
○廣信令印

漢晉南北朝印風
○廣陸男家丞

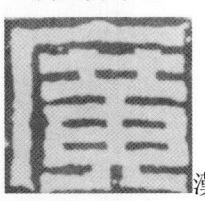

漢晉南北朝印風

漢晉南北朝印風

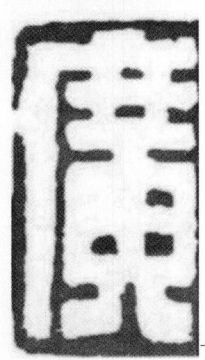

廿世紀璽印三-SY
○臣廣

歷代印匋封泥
○廣陵相印章

漢代官印選
○廣典衛令

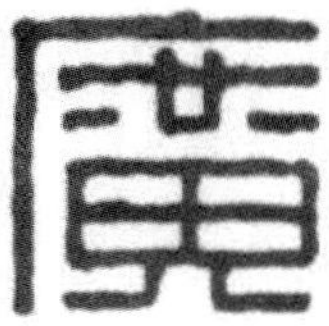

漢印文字徵
○廣川相印章

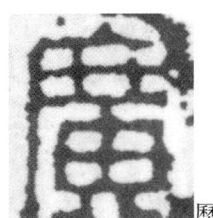

歷代印匋封泥
○廣陽相印章

歷代印匋封泥
○廣漢都尉章

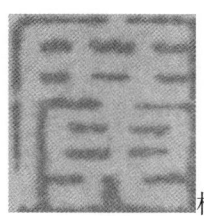

柿葉齋兩漢印萃
○程廣印

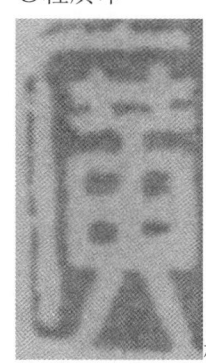

柿葉齋兩漢印萃
○李廣

漢印文字徵
○敦德步廣曲候

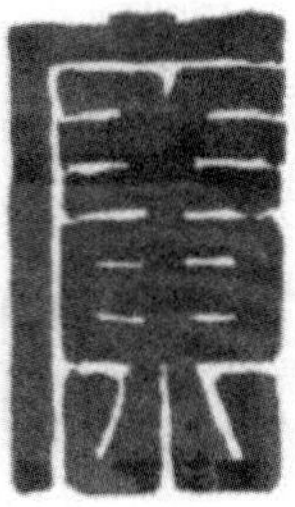

漢印文字徵

○王廣

漢印文字徵

○柳廣

柿葉齋兩漢印萃

○臨廣之印

漢代官印選

○廣阿侯印

漢印文字徵

○孫廣得印

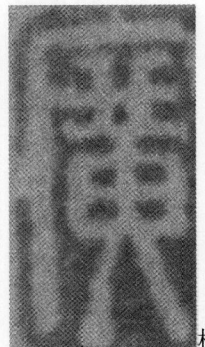

柿葉齋兩漢印萃

○蘇廣

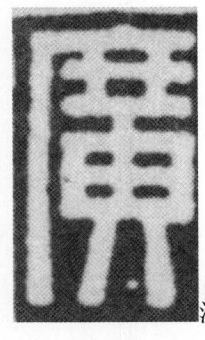

漢晉南北朝印風

漢晉南北朝印風

○廣甯太守章

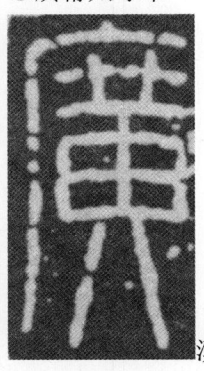

漢晉南北朝印風

漢晉南北朝印風

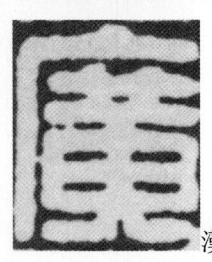

漢晉南北朝印風

漢晉南北朝印風

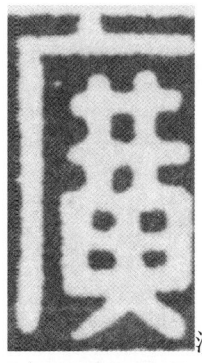

漢晉南北朝印風

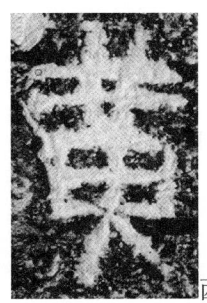

漢晉南北朝印風

西漢・李后墓塞石
○廣三尺五

東漢・洛陽黃腸石六
○路伯石廣三尺

東漢・成陽靈臺碑

西晉・石尠誌
○夫人廣平臨水劉氏

北魏・宋靈妃誌蓋
○魏故廣平郡君

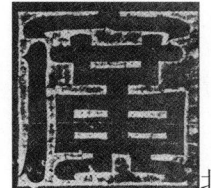

北魏・元悌誌蓋
○廣平王墓銘

北魏・元誨誌

北魏・元羽誌

北魏·李榘蘭誌

○廣樂鄉新安里人也

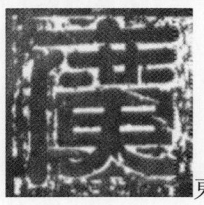

東魏·高歸彥造像

東魏·廣陽元湛誌蓋

○廣陽文獻王之銘

北齊·無量義經二

北周·崔宣默誌蓋

○巍故廣平王

北周·寇嶠妻誌

○詔贈夫人廣州襄城縣君

北周·董榮暉誌蓋

○廣昌公故夫人

## 【廥】

《説文》：廥，芻藁之藏。从广會聲。

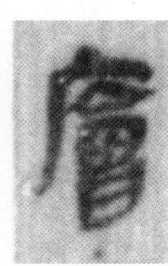

睡·秦律十八種 175

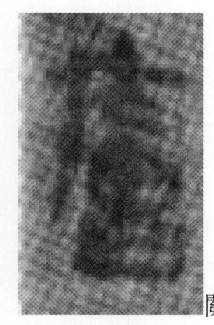

關·曆譜 13

○坐南廥丙午

里·第八層 474

張·奏讞書 47

○獄如廥發

北壹·倉頡篇 55

○堂庫府廥廄囷

廿世紀璽印三-GP

○田廥

歷代印匋封泥

○檊者廥丞

漢晉南北朝印風

漢晉南北朝印風

○廥印

漢印文字徵

○廥印

【庾】

《説文》：庾，水槽倉也。从广臾聲。一曰倉無屋者。

馬壹 114_28\431

金關 T26：110

○食庾候官

金關 T07：081

○令夫庾移之財令足

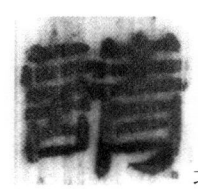

北壹・倉頡篇 67

○艫與瀕庾請百

北壹・倉頡篇 67

○艫與瀕庾請百

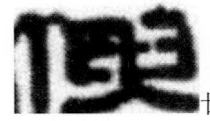

廿世紀璽印三-SP

○閻庾平

漢印文字徵

○庾福私印

漢印文字徵
○庚德私印

漢印文字徵
○庚公孺印

漢印文字徵
○庚欽私印

漢晉南北朝印風
○庚少孺印

東漢·西狹頌
○倉庚惟億（億）

北魏·常季繁誌
○羊庚振赫於有晉

南朝宋·謝琰誌
○夫人潁川庚

【屏】

《說文》：屏，蔽也。从广并聲。

【廁】

《說文》：廁，清也。从广則聲。

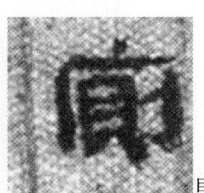

馬壹 176_47 下

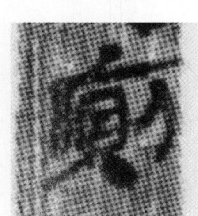

張·引書 99

銀壹 259

北壹·倉頡篇 8
○海內并廁胡無

漢印文字徵

○廉延年

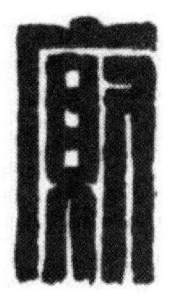

漢印文字徵

○魏丹厠

漢印文字徵

○李厠

漢晉南北朝印風

○魏丹厠

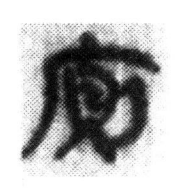

秦文字編 1485

北周·韋彪誌

【廛】

《說文》：廛，一畝半，一家之居。從广、里、八、土。

馬壹 257_4 下

北魏·奚智誌

○葬在廛泉之源

東魏·趙紹誌

○昔住都廛

【庡】

《說文》：庡，屋牝瓦下。一曰維綱也。從广，閔省聲。讀若環。

北壹·倉頡篇 41

○廡序庡講

【廮】

《說文》：廮，屋階中會也。從广忽聲。

北壹·倉頡篇 41

○廡序庡講

## 【㢉】

《説文》：㢉，廣也。从广侈聲。《春秋國語》曰："俠溝而㢉我。"

## 【廉】

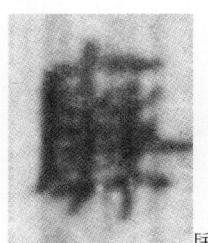

《説文》：廉，仄也。从广兼聲。

睡·語書 9

睡·為吏 9

嶽·為吏 29

里·第八層 1557

馬貳 34_23 上

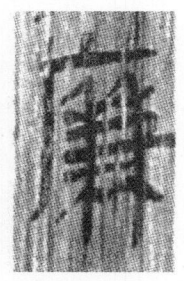

張·脈書 17

銀壹 582

○而面示公正以偽廉

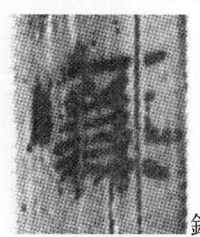

銀貳 1354

北貳·老子 60

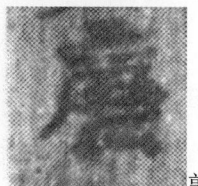

敦煌簡 0354

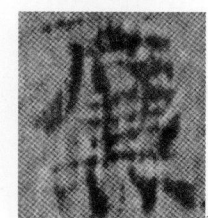

金關 T06:075

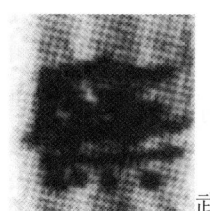

武·甲《有司》15

○執俎左廉

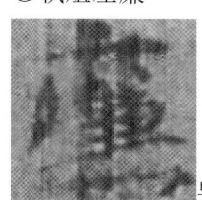

吳簡嘉禾·五·八一四

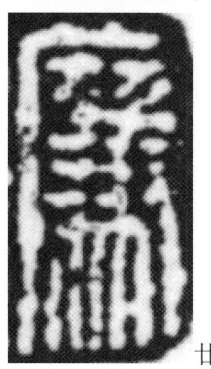

廿世紀璽印三-SY

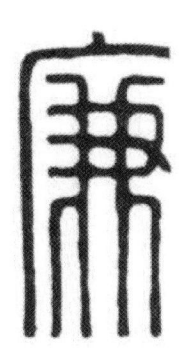

漢印文字徵

○廉應

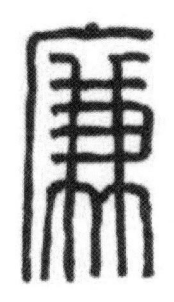

漢印文字徵

漢印文字徵

漢印文字徵

漢印文字徵

新莽·禳盜刻石

○欲孝思貞廉

東漢·曹全碑陽

東漢·曹全碑陽

東漢·鮮于璜碑陰

東漢・司徒袁安碑

北魏・元襲誌

○廉貞孝友

北魏・元弼誌

北魏・馮迎男誌

北魏・辛穆誌

北魏・奚真誌

【庪】

《説文》：庪，開張屋也。从广秅聲。濟陰有庪縣。

【龐】

《説文》：龐，高屋也。从广龍聲。

秦文字編 1485

馬壹 102_156

○銚龐爲上

銀壹 234

敦煌簡 2045

○婦未龐得以買馬數

金關 T01:115

廿世紀璽印三-SY

○龐慶私印

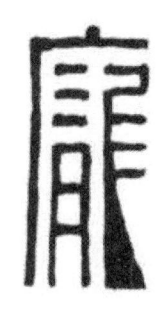

漢印文字徵

○龐夜

柿葉齋兩漢印萃

○龐私印彭

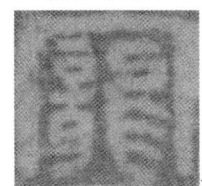

柿葉齋兩漢印萃

○滿龐私印

漢印文字徵

漢印文字徵

○龐壽

漢印文字徵

○龐翁伯

漢印文字徵

○龐士私印

漢印文字徵

○龐小青

漢印文字徵

○龐遂信印

漢印文字徵

漢晉南北朝印風
○龐比干

漢晉南北朝印風
○龐承私印

西魏·趙超宗妻誌

北周·張僧妙法師碑

## 【厎】

《説文》：厎，山居也。一曰下也。从广氏聲。

馬壹 48_4 下
○兵弗厎（砥）而天

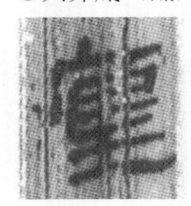

銀貳 1324

○治安厎之

廿世紀璽印三-GP
○漢中厎印

北魏·元壽安誌
○三秦載厎

北魏·元羽誌
○厎流天景

北齊·路彖及妻誌
○合葬厎河南三里

## 【庢】

《説文》：庢，礙止也。从广至聲。

漢晉南北朝印風
○螯庢右尉

漢印文字徵
○庢右尉

## 【廮】

《說文》：廮，安止也。从广嬰聲。鉅鹿有廮陶縣。

## 【废】

《說文》：废，舍也。从广犮聲。《詩》曰："召伯所废。"

## 【庳】

《說文》：庳，中伏舍。从广卑聲。一曰屋庳。或讀若逋。

馬壹 258_10 上\26 上

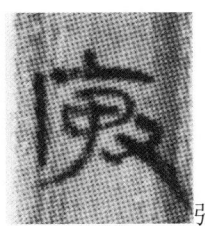

張·具律 103

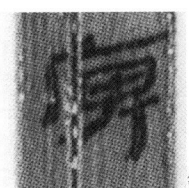

銀貳 1029

北壹·倉頡篇 43

○蠶繰展庳

漢印文字徵

○庳尊

## 【庇】

《說文》：庇，蔭也。从广比聲。

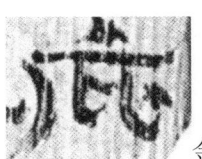

金關 T07：024

北魏·王誦誌

## 【庶】

《說文》：庶，屋下眾也。从广、炗。炗，古文光字。

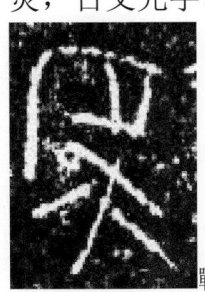

戰中·大良造鞅鐓

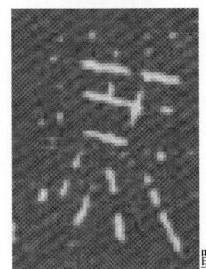

戰晚·十九年大良造鞅鐓

漢銘・項伯鍾

睡・法律答問 125

馬壹 11_71 二

馬貳 86_360/350

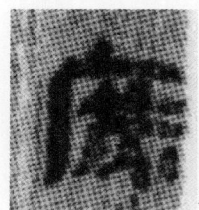

張・亡律 163

張・奏讞書 92

銀貳 1576

敦煌簡 0481A

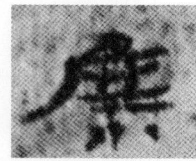

○諸生庶民

金關 T03:055

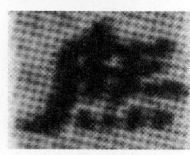

武・儀禮甲《士相見之禮》9

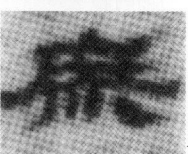

武・甲《有司》75

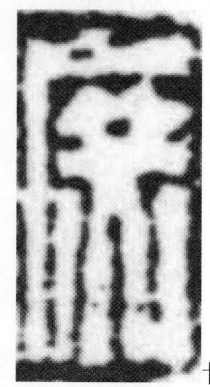

廿世紀璽印三-SY

○庶眾可

漢晉南北朝印風

歷代印匋封泥

○庶穆

漢代官印選

漢印文字徵

漢印文字徵

漢代官印選

漢印文字徵

漢晉南北朝印風

漢晉南北朝印風

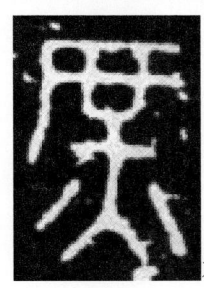

石鼓·汧殹

東漢·夏承碑

○庶同如蘭

東漢·石門頌

東漢·曹全碑陽

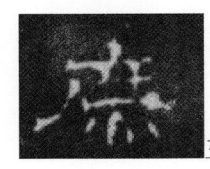

三國魏·三體石經尚書·隸書

○以庶邦口

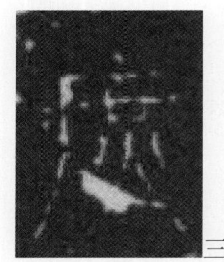

三國魏·三體石經尚書·篆文

○于□于田以庶邦□

西晉·石尠誌

西晉·石尠誌

北魏·元澄妃誌

○扇教庶黎

北魏·元嵩誌

北魏·□伯超誌

北魏·王誦妻元妃誌

北魏·元襲誌

○庶陳遺烈

北周·王通誌

○庶銘明德

【庤】

《説文》：庤，儲置屋下也。从广寺聲。

【廙】

《説文》：廙，行屋也。从广異聲。

【廔】

《説文》：廔，屋麗廔也。从广婁聲。一曰穜也。

秦代印風

○廔

【廆】

《説文》：廆，屋从上傾下也。从广隹聲。

秦代印風

○雁衆私印

漢印文字徵

○董雁

## 【廢】

《説文》：廢，屋頓也。从广發聲。

漢銘·廢丘鼎

漢銘·廢丘鼎蓋

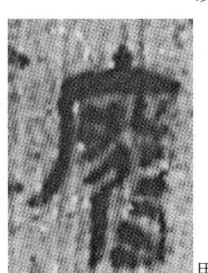

里·第八層 178

馬壹 218_93

馬壹 36_31 上

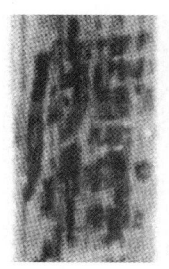

張·蓋盧 2

銀壹 435

銀貳 1780

○必有廢法社禝

北貳·老子 59

○人之廢其日固久矣

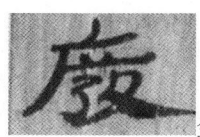

金關 T30:204

○循行廢不以爲意甚

歷代印匋封泥
○廢丘丞印

歷代印匋封泥

廿世紀璽印三-GP

東漢・成陽靈臺碑

東漢・尚博殘碑

東漢・石門頌

東漢・成陽靈臺碑

東漢・桐柏淮源廟碑

【庮】

《說文》：庮，久屋朽木。从广酉聲。《周禮》曰："牛夜鳴則庮。"臭如朽木。

【廑】

《說文》：廑，少劣之居。从广堇聲。

【廟】

《說文》：廟，尊先祖皃也。从广朝聲。

【庿】

《說文》：庿，古文。

漢銘・孝文廟甗鋀

漢銘・孝武廟鼎

漢銘・高奴廟釴

漢銘・孝文廟甗鋀

漢銘・曲廟鼎

漢銘・恭廟鐙

里・第八層 138

馬壹 90_259

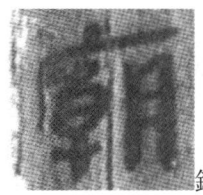

銀貳 1705

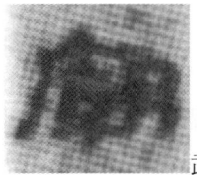

武・儀禮甲《服傳》24

武・甲《特牲》42

北壹・倉頡篇 54

○宇闕廷廟郎殿

廿世紀鉨印三-GY

○長沙頃廟

廿世紀鉨印三-GP

○廟室守印

漢印文字徵

歷代印匋封泥

○廟室守印

漢印文字徵

漢印文字徵

東漢・成陽靈臺碑

東漢・乙瑛碑

〇故特立廟

東漢・桐柏淮源廟碑

東漢・桐柏淮源廟碑

北魏・元緒誌

北魏・元思誌

北魏・元子正誌

北魏・丘哲誌

北魏・嵩高靈廟碑額

〇中岳嵩高靈廟之碑

北魏・元欽誌

北魏・元液誌

〇廟算所歸

北魏・爾朱襲誌

〇受脈廟堂

東魏・王僧誌

〇廟算之功

【庪】

《說文》：庪，人相依庪也。从广且聲。

【廖】

《説文》：𢊁，屋迫也。从广曷聲。

## 【庐（斥）】

《説文》：庐，鄰屋也。从广𠂇聲。

睡·語書 11
○以善庐（訴）事喜

獄·暨過案 96

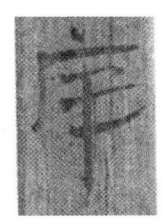

馬貳 213_15/116
○三曰庐（尺）蠖四

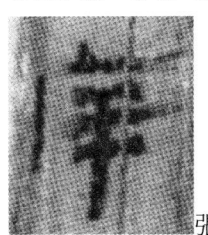

張·史律 483
○庐勿以爲史

張·蓋盧 41
○庐皮彼

銀壹 626
○臣聞庐（尺）汙

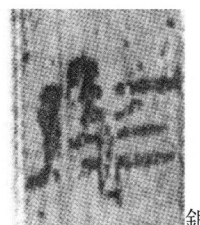

銀貳 1926
○則壞庐六則兵作七

敦煌簡 1959B
○庐候前都吕孝□□

金關 T01:280
○庚子斥免令□

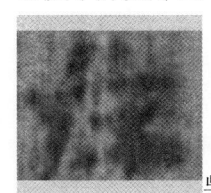

吳簡嘉禾·五·二四二
○張庐佃田廿町凡

漢印文字徵
○吳庐

4409

漢印文字徵

○韓印庌地

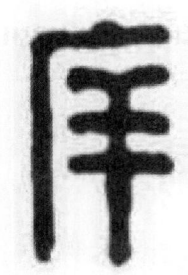

漢印文字徵

○孫庌

東漢・東漢・魯峻碑陽

○門生魏郡庌丘李牧君伯三百

東漢・黨錮殘碑

○口罰庌遣

東漢・曹全碑陽

○世宗廊庌竟

北齊・暴誕誌

【廞】

《説文》：廞，陳輿服於庭也。从广欽聲。讀若歆。

北魏・元廞誌

○君諱廞字義興

【廫】

《説文》：廫，空虛也。从广膠聲。

【廈】

《説文》：廈，屋也。从广夏聲。

【廊】

《説文》：廊，東西序也。从广郎聲。《漢書》通用郎。

漢印文字徵

○王廊

漢印文字徵

○紀廊

4410

東漢・曹全碑陽

北魏・元朗誌

北魏・□伯超誌

北齊・高淯誌

【廂】

《說文》：廂，廊也。从广相聲。

【庪】

《說文》：庪，祭山曰庪縣。从广技聲。

【庱】

《說文》：庱，地名。从广，未詳。

【廖】

《說文》：廖，人姓。从广，未詳。當是省廫字尔。

里・第八層 1961
○廖手

馬貳 11_8
○殺廖（戮）

吳簡嘉禾・五・七三一
○男子廖遲佃田六町

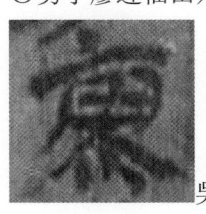

吳簡嘉禾・四・三八〇
○男子廖谷佃田三町

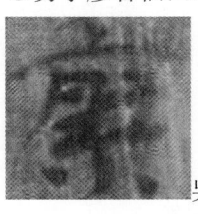

吳簡嘉禾・五・一二〇
○男子廖黨佃田四町

漢印文字徵

漢印文字徵

漢印文字徵

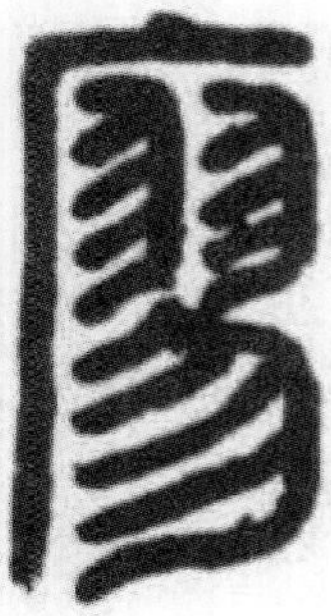

漢印文字徵

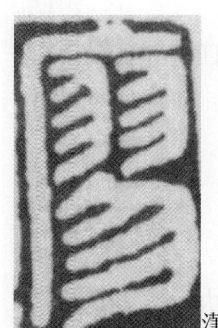

漢晉南北朝印風

秦駰玉版

三國蜀・姚立買石題記

〇知者廖誠杜□

〖厇〗

漢印文字徵

〇王厇

北齊・吐谷渾靜媚誌

〇厇美斯屬

〖屛〗

睡・封診式84

〇債屛甲里人

〖庋〗

敦煌簡 2310
○好之庋就如報
〖㞇〗

漢印文字徵
○臣㞇

漢印文字徵
○欒㞇
〖尾〗

漢印文字徵
○尾並私印
〖屳〗

漢印文字徵
○郭屳之印

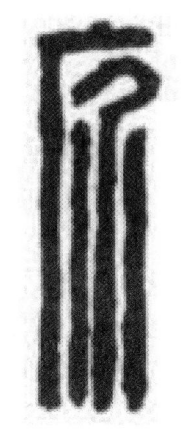

漢印文字徵
○相屳
〖厓〗

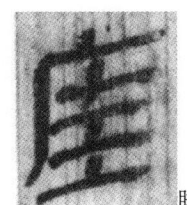

睡·法律答問 28
○盜埱厓
〖厐〗

東漢·衛尉卿衡方碑
〖庇〗

里·第八層1177
○隸妾庇

【座】

漢印文字徵
○周座印

漢印文字徵
○犁座

北魏·元顥誌
○瞻此座之可惜

北魏·王普賢誌
○幽座燈滅

東魏·元晫誌
○滿座盈樽

北齊·邑義七十人造像
○又乃敬造阿彌陀連座三佛

【庞】

漢銘·始建國元年銅撮

漢銘·新嘉量一

漢銘·新嘉量一

【庠】

漢印文字徵
○李庠

【庮】

銀壹 408

○戰接唐（錯）用

北魏・太妃侯造像

○唐（廣）川王

【庵】

銀壹 404

○從迹庵結以人

東漢・衛尉卿衡方碑

【庤】

張・脈書 12

○如棗爲牡庤（痔）

【㢘】

漢印文字徵

○孫㢘

【㢈】

孔・占 419

○是胃（謂）繭㢈風

【㢊】

敦煌簡 1457A

○長㢊索刃

金關 T23:620

○更各㢊索部界中詔

【庬】

金關 T28:087

4415

第九卷

金關 T24:9C9

漢晉南北朝印風
○陳庉

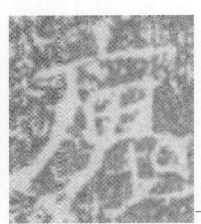

十六國前燕·李庉誌
○燕國薊李庉

〖廇〗

張·脈書 1C
○非時而血出滴爲廇

〖廁〗

張·金布律 430
○何人廁（掩）貍（埋）

〖庫〗

馬壹 81_38
○甚懼庫之死

敦煌簡 0639B
○贛岑庫露

秦代印風
○庫

秦代印風
○路庫

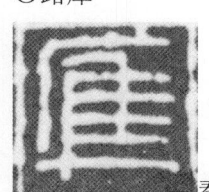

秦代印風
○李庫

漢晉南北朝印風

4416

○李庫

漢晉南北朝印風

○王庫

〖廓〗

東漢·曹全碑陽

東漢·曹全碑陽

北魏·元顯魏誌

北魏·秦洪誌

北魏·秦洪誌

北魏·穆亮誌

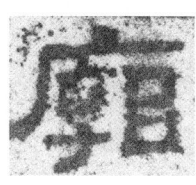

北齊·馬天祥造像

〖廗〗

北魏·陳天寶造像

○尪菸枕廗（席）

北魏·吐谷渾璣誌

○糸竹聲廗（席）

北魏·寇臻誌

○廗（席）他之女

〖廫〗

漢印文字徵

○廗廣之印

漢印文字徵

○高廗

【廮】

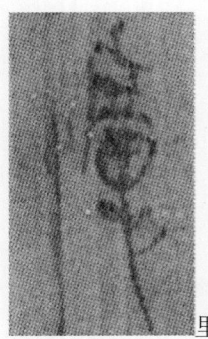

里·第八層 63

○從事言廮手

【廥】

東漢·曹全碑陽

【廊】

石鼓·霝雨

○□□自廊

# 厂部

【厂】

《說文》：厂，山石之厓巖，人可居。象形。凡厂之屬皆從厂。

【屵】

《說文》：屵，籀文从干。

【厓】

《說文》：厓，山邊也。从厂圭聲。

武·甲《特牲》42
○降賓（實）散于厓（篚）

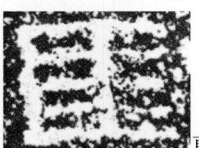

東漢·祀三公山碑
○元氏令茅厓

【厜】

《說文》：厜，厜㕒，山顛也。从厂垂聲。

【㕒】

《說文》：㕒，厜㕒也。从厂義聲。

【厰】

《說文》：厰，崟也。一曰地名。从厂敢聲。

西晚·不其簋

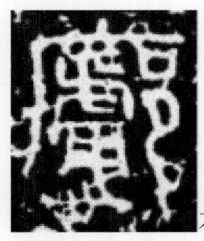

○厬（玂）妥（狁）

西晚·不其簋

○厬（玂）妥（狁）

【厬】

《說文》：厬，仄出泉也。从厂晷聲。讀若軌。

【底】

《說文》：底，柔石也。从厂氐聲。

【砥】

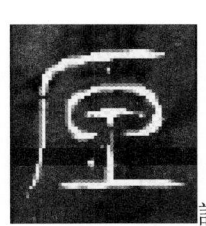

《說文》：砥，底或从石。

詛楚文·沈湫

○飾甲底兵

東漢·立朝等字殘碑

○砥鈍厲頑

東漢·劉熊碑

○砥□頑素

東漢·衛尉卿衡方碑

○砥仁厲（癘）□

北魏·王誦誌

○勉躬砥礪

北魏·李超誌

○端恭妄砥

北魏·高貞碑

○砥礪名教

北魏·元廣誌

○砥厲風節

北齊·李稚廉誌

○砥刃將斬

【厥】

《說文》：厥，發石也。从厂欮聲。

馬壹 132_38 上/115 上

4419

馬貳 205.30

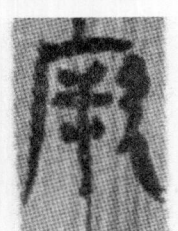

張·引書 101

張·引書 63

銀壹 244

銀貳 1626

北貳·老子 8
○將恐厥（蹶）是

敦煌簡 C656
○安樂厥職

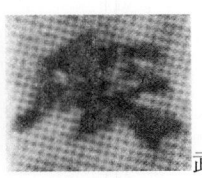

武·甲《特牲》6
○厥明日夕陳鼎

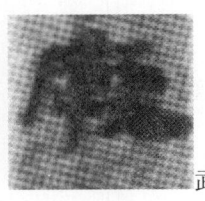

武·甲《泰射》4
○厥明司宮尊于

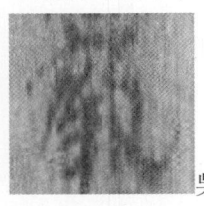

吳簡嘉禾·四·三〇八

東漢·張遷碑陽

東漢·朝侯小子殘碑

東漢·成陽靈臺碑

東漢·譙敏碑

東漢·趙寬碑

東漢·楊統碑陽

東漢・從事馮君碑

東漢・尚博殘碑

東漢・尚博殘碑

東漢・薌他君石柱題記額

東漢・石門頌

東漢・石門頌

東漢・北海相景君碑陰

東漢・楊淮表記

東漢・楊著碑額

三國魏・三體石經尚書・篆文
○用厥心韋怨不則用□

三國魏・三體石經尚書・隸書
○用乂厥辟

三國魏・三體石經尚書・古文
○用厥心韋怨

西晉・郭槐柩記

北魏・薛法紹造像

北魏・常季繁誌

北魏·元澄妃誌

北魏·□伯超誌

○永昌厥后

北魏·元緒誌

北魏·鄭乾誌

北魏·□伯超誌

○以奠厥居

北魏·吐谷渾氏誌

北魏·張寧誌

北魏·馮邕妻元氏誌

北魏·元瞻誌

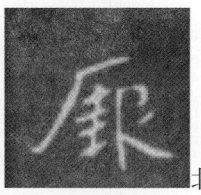

北魏·王普賢誌

北魏·于纂誌

北魏·于纂誌

北魏·劉玉誌

北魏·郭顯誌

北魏·元纂誌

北魏・元譚妻司馬氏誌
北魏・楊無醜誌 
北魏・宇文永妻誌 
北魏・元演誌 
北魏・元珍誌 
北魏・馮季華誌 
北魏・元天穆誌 
東魏・元玒誌 

東魏・元延明妃馮氏誌
東魏・陸順華誌 
〇用履厥操
東魏・李祈年誌 
東魏・王偃誌 
東魏・妻李豔華誌 
東魏・元仲英誌 
北齊・雲榮誌 
北周・王通誌

## 【厲】

《說文》：厲，旱石也。从厂，蠆省聲。

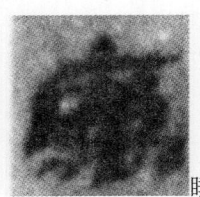

## 【䕈】

《說文》：䕈，或不省。

睡·日甲《除》5

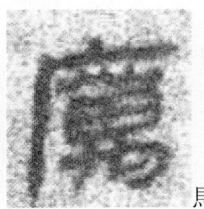

馬壹 4_4 下

馬貳 29_24

○衡至厲爲祟

銀貳 1898

○組甲厲兵

廿世紀璽印三-GP

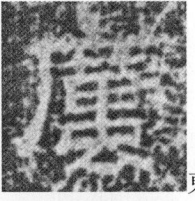

○邶厲邑印

東漢·熹平石經殘石五

東漢·舉孝廉等字殘碑

○□不起厲□不行□事□

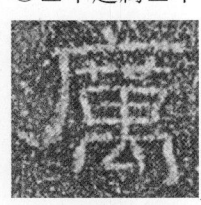

東漢·王舍人碑

東漢·立朝等字殘碑

○砥鈍厲頑立石

東漢·韓仁銘

東漢·景君碑

東漢·執金吾丞武榮碑

東漢·石門頌

東漢・尹宙碑

三國魏・五官掾功碑

○臧厲刑

北魏・元煥誌

北魏・李榘蘭誌

北魏・于纂誌

北魏・爾朱襲誌

北魏・爾朱紹誌

北魏・元廣誌

東魏・元惊誌

東魏・馮令華誌

北周・須蜜多誌

北周・王榮及妻誌

【厱】

《説文》：厱，厱諸，治玉石也。从厂僉聲。讀若藍。

【厤】

《説文》：厤，治也。从厂秝聲。

【𠪋】

《説文》：𠪋，石利也。从厂異聲。讀若枲。

## 【䃽】

《說文》：䃽，美石也。从厂古聲。

## 【厗】

《說文》：厗，唐厗，石也。从厂，屖省聲。

馬貳 220_55/66

○務在厗（遲）久句

## 【应】

《說文》：应，石聲也。从厂立聲。

## 【㕒】

《說文》：㕒，石地惡也。从厂兒聲。

## 【厔】

《說文》：厔，石地也。从厂金聲。讀若紟。

## 【厠】

《說文》：厠，石閒見。从厂甫聲。讀若敷。

## 【厝】

《說文》：厝，厲石也。从厂昔聲。《詩》曰："他山之石，可以爲厝。"

馬壹 37_21 下

銀壹 410

金關 T29：100

漢印文字徵

○蘇厝之印

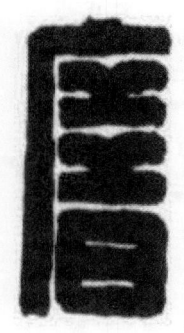

漢印文字徵

○焦厝

東漢·洛陽刑徒磚

○河厝髡鉗宋文

東漢·元嘉三年畫像石題記

○不厝一□

東漢·銅山大廟鎮畫像石題記

○卜其宅兆而安厝之

北魏·寇臻誌

○合厝于洛城西十五里大墓所

北齊·雲榮誌

○厝於鄴城西廿五里

北齊·高百年誌

○安厝在鄴城之西十有一里□城西北三里

【厖】

《說文》：厖，石大也。从厂尨聲。

【屵】

《說文》：屵，岸上見也。从厂，从之省。讀若躍。

【厌】

《說文》：厌，厮也。从厂夾聲。

【仄】

《說文》：仄，側傾也。从人在厂下。

【厌】

《說文》：厌，籀文从矢，矢亦聲。

東魏·蕭正表誌

○廣延仄陋

【厮】

《說文》：厮，仄也。从厂辟聲。

【屝】

《說文》：屝，隱也。从厂非聲。

【厭】

《說文》：厭，笮也。从厂猒聲。一曰合也。

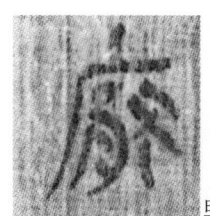

里·第八層 755

○司空厭等當坐皆有

馬壹 36_46 上
○而弗厭

馬貳 32_15 上

銀貳 1573
○不御（禦）厭（壓）其駘（怠）

北貳・老子 44

敦煌簡 1784
○右厭胡隧卒

居・EPT49.3
○厭書家長以制日

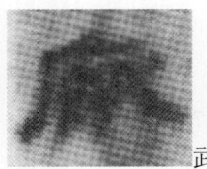

武・儀禮甲《服傳》43

北壹・倉頡篇 72
○嫖婬樊厭妃

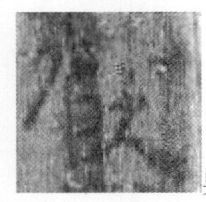

吳簡嘉禾・四・四二二
○厭下丘男子

吳簡嘉禾・八零
○厭下丘郡吏

廿世紀璽印三-GP

漢印文字徵
○厭次丞印

漢印文字徵

漢印文字徵

○召厭

漢晉南北朝印風

東漢・東漢・婁壽碑陽

西晉・石定誌

西晉・石尠誌

北魏・宋靈妃誌

○無云厭世

東魏・司馬興龍誌

北齊・李難勝誌

○厭離纏染

北齊・石信誌

○樂陵厭次人也

【𠂭】

《說文》：𠂭，仰也。从人在厂上。一曰屋梠也，秦謂之桷，齊謂之𠂭。

〖㡇〗

漢銘・鼇㡇鼎蓋

漢銘・鼇㡇鼎

漢銘・上廣車飾

漢代官印選

○鼇㡇令印

北魏・元瞻誌

○於是新有鼇㡇之師

4429

〖厴〗

廿世紀璽印三-SP
○厴

秦代印風
○楊厴

## 丸部

【丸】

《說文》：🪶，圜，傾側而轉者。从反仄。凡丸之屬皆从丸。

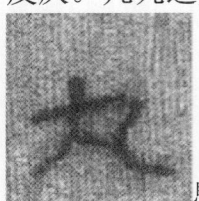

馬貳 128_9

敦煌簡 2331

金關 T30:193

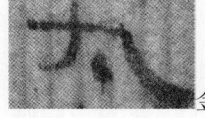

金關 T30:265

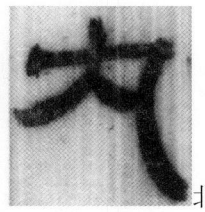

北壹·倉頡篇 71
○糾絣律丸內戌

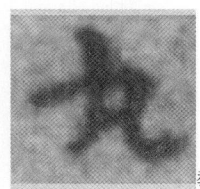

魏晉殘紙

漢印文字徵

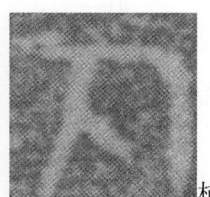

柿葉齋兩漢印萃

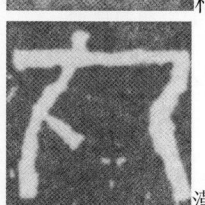

漢晉南北朝印風

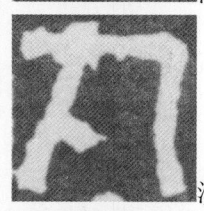

漢晉南北朝印風

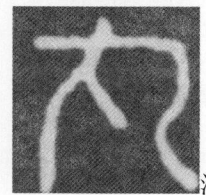

漢晉南北朝印風

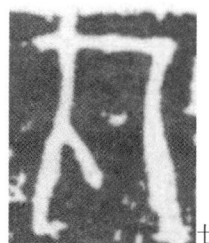

廿世紀璽印四-GY

漢晉南北朝印風

秦文字編 1488

三國魏·毋丘儉殘碑
○討寇將軍魏烏丸單于

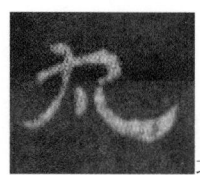

北齊·感孝頌

【𠁅】

《説文》：𠁅，鷙鳥食已，吐其皮毛如丸。从丸咼聲。讀若骩。

【𠁆】

《説文》：𠁆，丸之孰也。从丸而聲。

【𠁇】

《説文》：𠁇，闕。

# 危部

【危】

《説文》：危，在高而懼也。从厃，自卪止之。凡危之屬皆从危。

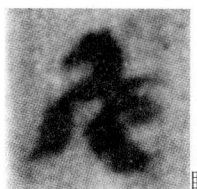

睡·日甲《秦除》17
○亥危子成丑收寅

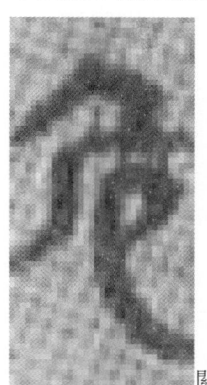

關·日書 209

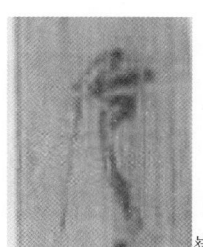

嶽·識劫案 112
○沛妻危以十歲時死

馬壹 258_10 上\26 上

馬壹 48_6 下

4431

馬壹 38_12 上

馬貳 32_19 上

張・蓋盧 51

張・引書 84

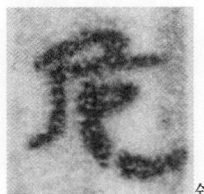

銀壹 248

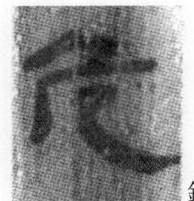

銀貳 1104

敦煌簡 0073

○深山危谷

漢印文字徵
○徐危

漢印文字徵
○龐危

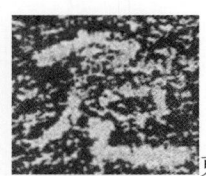

東漢・析里橋郙閣頌

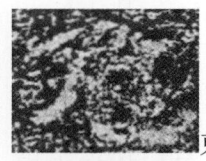

東漢・析里橋郙閣頌

西晉・石尠誌

西晉・徐義誌

北魏·元顥誌

北魏·元暐誌

北魏·李端誌

東魏·劉幼妃誌

北齊·崔德誌

北齊·徐顯秀誌

【攲】

《説文》：𢻬，攲𠩺也。从危支聲。

## 石部

【石】

《説文》：𥑾，山石也。在厂之下；口，象形。凡石之屬皆从石。

戰晚·高奴禾石權

秦代·元年丞相斯戈

漢銘·上林銅鑒二

漢銘·南陵鍾

漢銘·上林銅鼎一

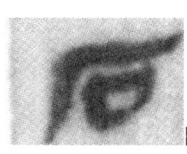

睡·秦律十八種 10

嶽·數 107

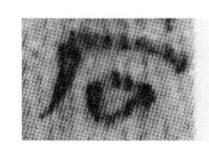

里·第八層 1794

馬壹 6_24 下

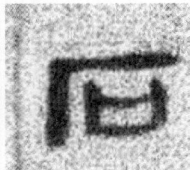

馬壹 124_43 上

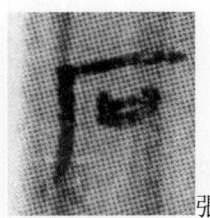

張·置吏律 213

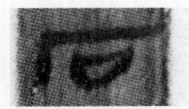

銀貳 1935

敦煌簡 1321

金關 T04∶073

○其一石出麥

東牌樓 005

吳簡嘉禾·五·一八五

秦代印風

秦代印風

秦代印風

○石賢

漢晉南北朝印風

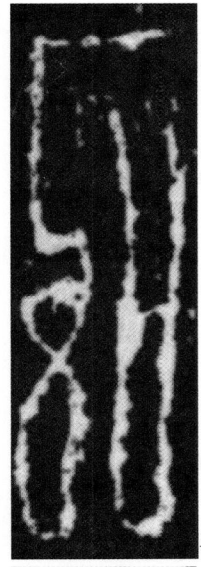

廿世紀璽印三-SY

廿世紀璽印三-SY

廿世紀璽印三-GY

廿世紀璽印三-SP

漢印文字徵
○石落侯印

漢印文字徵
○石勝客

漢印文字徵
○石細卿

漢印文字徵
○石成

漢印文字徵
○邯鄲堅石

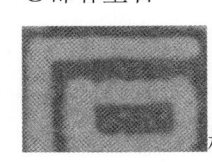

柿葉齋兩漢印萃

漢印文字徵

○石立之印

廿世紀璽印四-GY

漢晉南北朝印風

漢晉南北朝印風

○石豔印信

漢晉南北朝印風

○石立之印

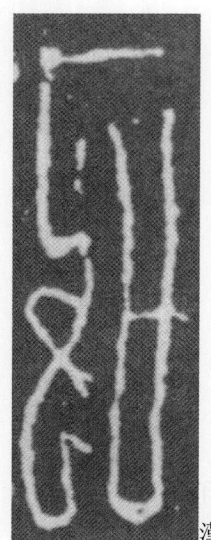

漢晉南北朝印風

○石賀

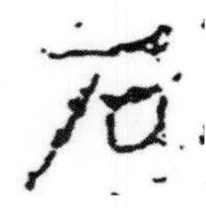

廿世紀璽印四-SP

○石惠

詛楚文・沈湫

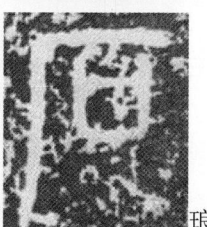

琅琊刻石

泰山刻石

琅琊刻石

懷后磬

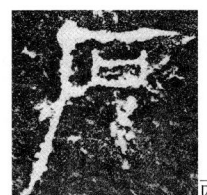

西漢・王陵塞石
○王陵塞石
西漢・群臣上醻碑 
東漢・楊震碑 
東漢・石門頌 
東漢・洛陽黃腸石八 
東漢・禮器碑陰 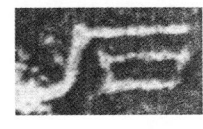
○守廟百石魯孔恢聖文千
東漢・白石神君碑額 
○白石神君碑
東漢・王舍人碑 
東漢・成陽靈臺碑 
東漢・張文思造石闕題記 

北魏・南石窟寺碑額
○南石窟寺之碑
北魏・鞠彥雲誌蓋 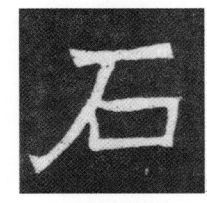
北魏・劉阿素誌 
北魏・張正子父母鎮石 
北魏・盧子真夫人誌 
東魏・叔孫固誌 
東魏・李顯族造像 
東魏・義橋石像碑額 
○義橋石像之碑

西魏·杜照賢造像

北齊·魯思明造像

北齊·赫連子悅誌

北齊·郭顯邕造經記

○刊石雕文

北周·尉遲將男誌

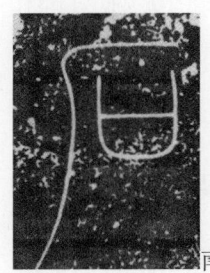

南朝宋·石騳銘

○石騳銘

【礦】

《說文》：礦，銅鐵樸石也。从石黃聲。讀若穬。

【卝】

《說文》：卝，古文礦。《周禮》有卝人。

【碭】

《說文》：碭，文石也。从石昜聲。

秦文字編 1491

敦煌簡 1462

○韓碭

吳簡嘉禾·五·九五七

吳簡嘉禾·四·三四八

○男子蔡碭

廿世紀璽印三-GP

漢印文字徵

漢印文字徵

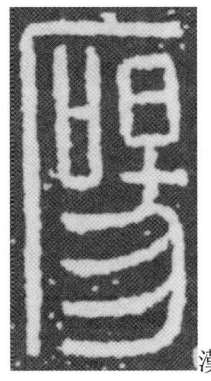

漢晉南北朝印風

○碭膓

東漢·石門頌

【硡】

《說文》：硡，石次玉者。从石夗聲。

【砮】

《說文》：砮，石，可以爲矢鏃。从石奴聲。《夏書》曰："梁州貢砮丹。"《春秋國語》曰："肅愼氏貢楛矢石砮。"

西晉·臨辟雍碑

【礜】

《說文》：礜，毒石也。出漢中。从石與聲。

礜·病方372

○大臼礜大如母

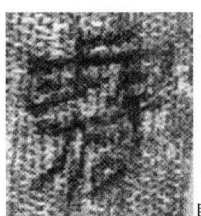

馬貳 71_60/60

○人冶礜與橐莫醯半

敦煌簡 0563B

○白礜石十分

廿世紀璽印三-GP

○左礜桃丞

秦代印風

○左礜桃支

漢晉南北朝印風

【碣】

《說文》：㟁，特立之石。東海有碣石山。从石曷聲。

【𥔲】

《說文》：㟁，古文。

東漢·開母廟石闕銘

北魏·元寶月誌

北魏·元顥誌

北齊·婁叡誌

【碟】

《說文》：㟁，厲石也。一曰赤色。从石兼聲。讀若鎌。

【碫】

《說文》：㟁，厲石也。从石段聲。《春秋傳》曰："鄭公孫碫字子石。"

【礫】

《說文》：㟁，小石也。从石樂聲。

東漢·成陽靈臺碑

〇玄礫菟蘆

北魏·元宥誌

北魏·元欽誌

【䃩】

《說文》：㟁，水邊石。从石巩聲。《春秋傳》曰："闕䃩之甲。"

【磧】

《說文》：㟁，水陼有石者。从石責聲。

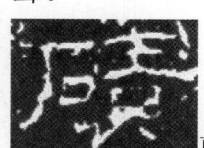

東漢·燕然山銘

【碑】

《說文》：㟁，豎石也。从石卑聲。

4440

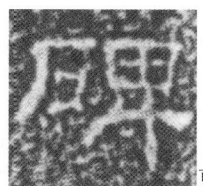

東漢·趙寬碑

東漢·從事馮君碑
○冀（巽）州從（从）事馮君碑

東漢·成陽靈臺碑

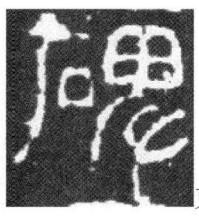

東漢·東漢·婁壽碑額

東漢·孫大壽碑額
○壽碑

東漢·朝侯小子殘碑

東漢·趙菿殘碑額
○趙君之碑

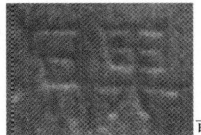

東漢·趙儀碑

東漢·圉令趙君碑
○趙君之碑

東漢·三公山碑

東漢·營陵置社碑
○社之碑

東漢·白石神君碑額
○白石神君碑

東漢·司馬芳殘碑額

東漢·趙寬碑額
○掾之碑

東漢·楊著碑額
○楊君之碑

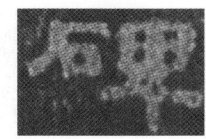

東漢·楊統碑陽

東漢・西岳華山廟碑陽

東漢・西岳華山廟碑陽

東漢・西岳華山廟碑額

東漢・肥致碑

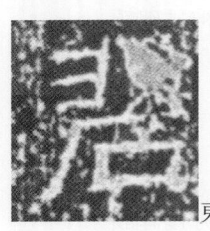

東漢・北海相景君碑陰

○豎建聿碑

東漢・尚博殘碑

東漢・肥致碑

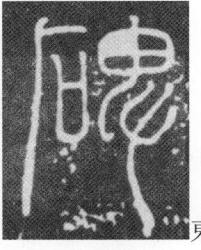

東漢・泰山都尉孔宙碑額

晉・司馬芳殘碑額

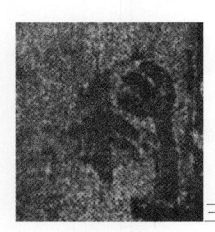

三國魏・上尊號碑額

○公卿將軍上尊號碑

西晉・張朗誌

西晉・管洛誌蓋

○管氏之墓碑

西晉・成晃碑額

東晉・筆陣圖

北魏・嵩高靈廟碑額

○中岳嵩高靈廟之碑

北魏・鄭黑誌

北魏・暉福寺碑額

○大代宕昌公暉福寺碑

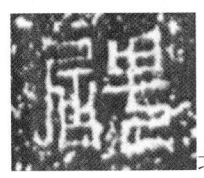

北魏・霍揚碑額

○密雲太守霍揚之碑

東魏・凝禪寺浮圖碑

○凝禪寺三級浮圖之頌碑

東魏・高盛碑額

○魏侍中黄鉞大師錄尚書事文懿高公碑

東魏・修孔子廟碑額

○魯孔子廟之碑

東魏・凝禪寺浮圖碑

○凝禪寺三級浮圖之頌碑

東魏・邸珍碑額

東魏・義橋石像碑額

○武德于府君等義橋石像之碑

東魏・義橋石像碑

○像之碑

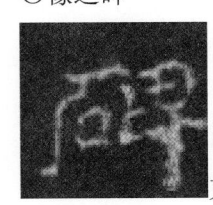

東魏・李顯族造像

北齊・僧安道一碑額

○安公之碑

北齊・高叡修定國寺碑額

北齊・韓山剛造像

○碑主韓山剛

北周・華岳廟碑額

4443

○西岳華山神廟之碑

### 【碌】

《説文》：碌，陵也。从石彖聲。

### 【磒】

《説文》：磒，落也。从石員聲。《春秋傳》曰："磒石于宋五。"

銀壹 542

### 【磔】

《説文》：磔，碎石磒聲。从石炙聲。

### 【硞】

《説文》：硞，石聲。从石告聲。

### 【硠】

《説文》：硠，石聲。从石良聲。

### 【礐】

《説文》：礐，石聲。从石，學省聲。

### 【硈】

《説文》：硈，石堅也。从石吉聲。一曰突也。

### 【磕】

《説文》：磕，石聲。从石盍聲。

### 【硻】

《説文》：硻，餘堅者。从石，堅省。

### 【磿】

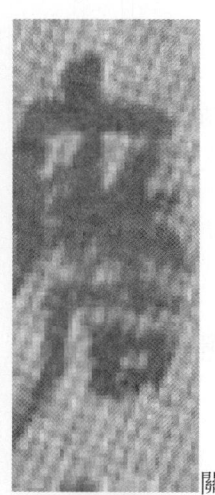

《説文》：磿，石聲也。从石厤聲。

關·日書 132

馬壹 128_2 上\79 上

銀壹 331

銀貳 1769

### 【磛】

《説文》：磛，礹，石也。从石斬聲。

### 【礹】

《説文》：礹，石山也。从石嚴聲。

## 【礊】

《説文》：礊，堅也。从石毃聲。

張·奏讞書 165

## 【确】

《説文》：确，磬石也。从石角聲。

## 【㱿】

《説文》：㱿，确或从𣪊。

東漢·石門頌

## 【磽】

《説文》：磽，磬石也。从石堯聲。

## 【硪】

《説文》：硪，石巖也。从石我聲。

## 【碞】

《説文》：碞，磛嵒也。从石、品。《周書》曰："畏于民碞。"讀與巖同。

## 【磬】

《説文》：磬，樂石也。从石、殸。象縣虡之形。殳，擊之也。古者母句氏作磬。

## 【硁】

《説文》：硁，古文从巠。

## 【殸】

《説文》：殸，籀文省。

馬貳 261_35/51

○鐘磬三各一

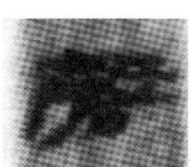

武·甲《泰射》4

馬壹 137_63 下/140 下

秦公大墓石磬

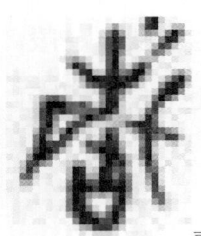

秦駰玉版

懷后磬

東漢・禮器碑

北魏・元顯誌

北魏・郭顯誌

北魏・元繼誌

北魏・韓顯祖造像

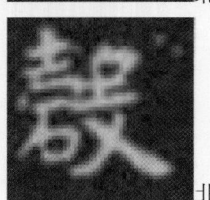

北魏・元延明誌

○鑄鍾磨磬

東魏・趙胡仁誌

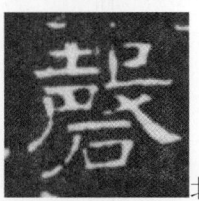

北齊・唐邕刻經記

北齊・赫連子悅誌

北齊・張思伯造浮圖記

北周・僧妙等造像

【礙】

《說文》：礙，止也。从石疑聲。

北魏・尉遲氏造像

○騰遊无礙之境

【䂣】

《說文》：䂣，上摘巖空青、珊瑚墮之。从石折聲。《周禮》有䂣蔟氏。

## 【砡】

《説文》：砡，以石扞繒也。从石延聲。

## 【碎】

《説文》：碎，䃺也。从石卒聲。

碎 西晉·成晃碑

碎 北魏·元宥誌

○明瑤碎質

碎 北魏·鮮于仲兒誌

○碎沒荊珍

碎 北魏·元引誌

碎 北魏·唐雲誌

○典源宗碎

碎 北魏·李榘蘭誌

○悼明珠之碎朗

碎 北魏·鄪乾誌

碎 北魏·穆亮誌

○玉碎琨津

碎 北魏·元榮宗誌

○玉碎春肌

碎 北齊·姜纂造像

○玉碎黃壤

## 【破】

《説文》：破，石碎也。从石皮聲。

破 馬壹89_216

張・算數書 75

銀壹 800

銀貳 177

敦煌簡 1271B
○破虜隧賈按效穀西

金關 T04 098B

秦代印風
○張破戎

漢晉南北朝印風

廿世紀璽印三-SY
○趙破胡之印

漢晉南北朝印風

漢晉南北朝印風

漢印文字徵
○兒破胡印

漢印文字徵

○破姦君馬丞

漢印文字徵

○梁破胡

漢代官印選

○破羌將軍章

東漢・漢建安殘石

東漢・西狹頌

東漢・趙寬碑

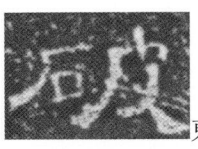

東漢・趙寬碑

西晉・石尠誌

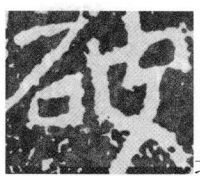

北魏・郭□買地券

北魏・楊熙儼誌

北魏・薛孝通敘家世券

○爲平西將軍三世名湖字破

東魏・李挺誌

北齊・石佛寺迦葉經碑

北齊・徐顯秀誌

【礱】

《説文》：礱，䃺也。从石龍聲。天子之桷，椓而礱之。

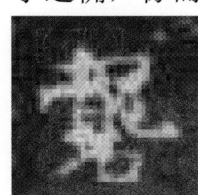

北齊・潘景暉造像

○礱磨□□

## 【研】

《說文》：研，䃺也。从石开聲。

張·遣策 40

○研一有子沐部

北壹·倉頡篇 18

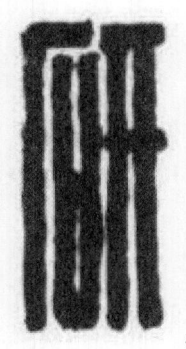

漢印文字徵

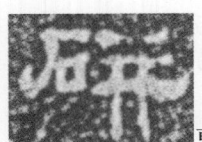

東漢·趙寬碑

○研機墳素

東漢·趙寬碑

○由復研機篇籍

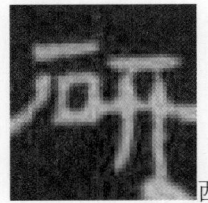

西晉·臨辟雍碑

十六國北涼·沮渠安周造像

北魏·元舉誌

北魏·元斌誌

東魏·李祈年誌

## 【䃺】

《說文》：䃺，石磑也。从石靡聲。

## 【磑】

《說文》：磑，䃺也。从石豈聲。古者公輸班作磑。

金關 T24：007

○六月磑四時出入簿

## 【碓】

《說文》：碓，舂也。从石隹聲。

敦煌簡 0290A

4450

○舂碓

吳簡嘉禾·五·八七二

○軍吏苗碓

【碴】

《說文》：𥖫，舂已，復擣之曰碴。从石沓聲。

【磻】

《說文》：𥕢，以石箸隿繁也。从石番聲。

【礇】

《說文》：𥖭，斫也。从石箸聲。

【硯】

《說文》：𥑕，石滑也。从石見聲。

【砭】

《說文》：𥑐，以石刺病也。从石乏聲。

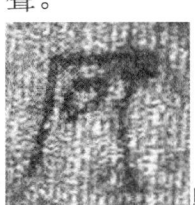

馬貳 80_234/221
○以石己（砭）穿其隋旁

張·脈書 58
○砭之

秦文字編 1493

【礄】

《說文》：𥗬，石也。惡也。从石鬲聲。

【砢】

《說文》：𥑠，磊砢也。从石可聲。

【磊】

《說文》：𥐭，眾石也。从三石。

北齊·常文貴誌

北齊·邑義七十人造像

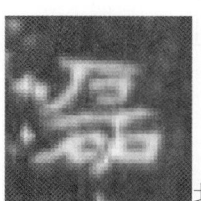

北周·李綸誌

【礪】

《說文》：𥗬，䃺也。从石厲聲。經典通用厲。

北魏·宋虎誌

北魏·王誦誌

北魏·高貞碑

○若夫秉心塞淵砥礪名教

北齊·高顯國妃敬氏誌

北周·張子開造像

○嵩山可礪心願永濃

【碏】

《説文》：䂠，《左氏傳》："衞大夫石碏。"《唐韻》云：敬也。从石，未詳。昔聲。

漢印文字徵

○趙碏之印

【磯】

《説文》：磯，大石激水也。从石幾聲。

【碌】

《説文》：碌，石皃。从石彔聲。

北魏·陶浚誌

○碌碌終身於山林

北魏·陶浚誌

○碌碌終身於山林

【砧】

《説文》：砧，石柎也。从石占聲。

【砌】

《説文》：砌，階甃也。从石切聲。

【礩】

《説文》：礩，柱下石也。从石質聲。

【礎】

《説文》：礎，礩也。从石楚聲。

北齊·梁迦耶誌

○是欲寄之貞礎

【硾】

《説文》：硾，擣也。从石垂聲。

【矸】

北齊·潘景暉造像
○既又若不矸彫神狀

【砂】
東魏·南宗和尚塔銘 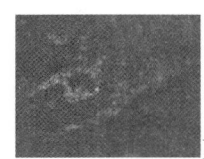
○師世家砂侯社水峪村人氏

【砍】
敦煌簡 0222 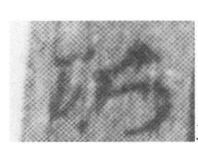
○毋甾砍殺秉妻

【硤】
東漢·元嘉元年畫像石墓題記一
○其硤內

東漢·元嘉元年畫像石墓題記一
○室上硤

【碣】
秦文字編 1493

【硌】
東漢·封龍山頌 

北齊·邑義七十人造像
○磊硌而重疊

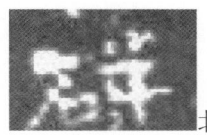

【砰】
北魏·張安世造像碑
○而砰之者明

【硤】
北魏·王溫誌 
○竊據硤石

北魏·丘哲誌
○硤石偏城

【硜】
北齊·張忻誌 
○獨秀硜節

【硾】

馬壹 149_70/244下

○或硜或陪（培）

〖碁〗

北魏・元延明誌

○鴟張碁跱

〖碕〗

銀壹 807

〖磑〗

北齊・常文貴誌

〖磋〗

北魏・元曄誌

○切磋成功

〖磐〗

馬貳 208_60

○帝磐庚問於耇老

漢印文字徵

○王磐印信

東漢・陶洛殘碑陰

○蘭磐石□

東漢・石門頌

○利磨确磐

北魏・元彧誌

○本枝磐石

北魏・元爽誌

北魏・元顯誌

北魏・元項誌
北魏・元子正誌 
北魏・元顯魏誌 
北魏・元暐誌 
北魏・公孫猗誌 
東魏・元悰誌 
東魏・劉懿誌 

北齊・張忻誌

【確】

東漢・析里橋郙閣頌
○地既堉確兮

北魏・元寶月誌
○確乎難拔

北魏・元純陀誌
○確焉不許

北魏・李超誌
○標確焉之操

北周・王通誌

【硠】

東魏・李次明造像

○造觀世音像一礓

〖礑〗

北齊・宋敬業造塔

○敬造寶塔一礑

〖磲〗

東漢・封龍山頌

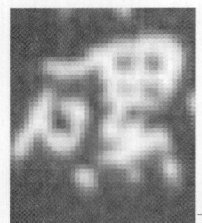

○磲硌吐名

北齊・崔幼妃誌

○高賢磲硌

〖磨〗

漢銘・光和斛二

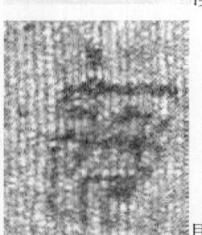

馬貳 85_351/341

張・行書律 267

敦煌簡 2001

○熱亭磨

金關 T21:188

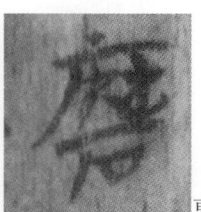

東牌樓 035 背

廿世紀璽印三-GP

○磨城丞印

漢印文字徵

○磨城丞印

漢印文字徵

東漢・石門頌

北魏・元曄誌

○厲以琢磨

北魏・韓顯宗誌

北魏・劉阿素誌

東魏・嵩陽寺碑

北齊・報德像碑

北周・時珍誌

〖䃺〗

東漢・西狹頌

○刻召（陷）䃺鬼

〖䃺〗

漢印文字徵

○王䃺之印

漢印文字徵

○逢䃺之印

〖䃺〗

馬貳 66_9/80

○獨䃺則主病它脈

北魏・郭顯誌

○誠著曰䃺

〖䃺〗

北魏・石門銘

○磵閣堙褫

〖磷〗

北魏·元順誌

北魏·尹祥誌

北魏·劉阿素誌

〖磴〗

北魏·郭顯誌

○石磴長蕪

〖礉〗

關·病方369

○礉（皦）赤

〖礧〗

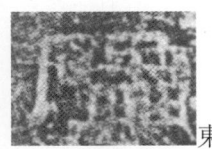

東漢·東漢·魯峻碑陽

# 長部

【長】

《說文》：𠑵，久遠也。从兀从匕。

兀者，高遠意也。久則變化。亾聲。𠤎者，倒亾也。凡長之屬皆从長。

【夫】

《說文》：𠔼，古文長。

【兲】

《說文》：兲，亦古文長。

戰中·大良造鞅鐓

戰晚·十九年大良造鞅鐓

戰晚·十三年上郡守壽戈

4458

戰晚·囗年上郡守戈

漢銘·長楊五年鼎

漢銘·長楊鼎二

漢銘·張君郎君馬

漢銘·陽泉熏鑪

漢銘·山陽邸鴈足長鐙

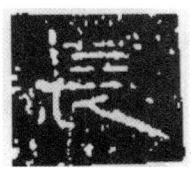

漢銘·王長子鐘

漢銘·南陵鍾

漢銘·右丞宮鼎

漢銘·王長子鼎

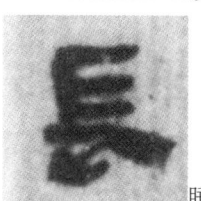

睡·秦律十八種 73

睡·效律 37

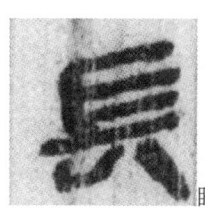

睡·法律答問 95

睡·日甲《盜者》74

獄・為吏 69

獄・占夢書 6

獄・癸、瑣相移謀購案 1

里・第八層 439

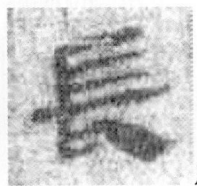

馬壹 36_30 上

馬壹 87_187

馬貳 244_264

張・置後律 378

張・引書 1

銀壹 916

銀貳 1755

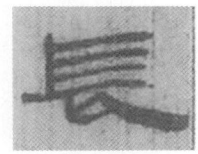

北貳・老子 128

敦煌簡 1975A

金關 T09：122

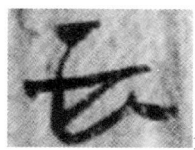

金關 T23：408

○守隧長

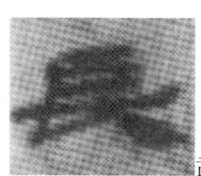

武・儀禮甲《服傳》2

武・甲《特牲》25

武・甲《少牢》43

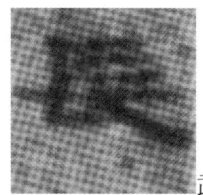

武・甲《有司》76

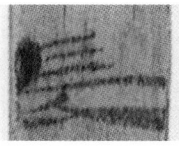

東牌樓 128

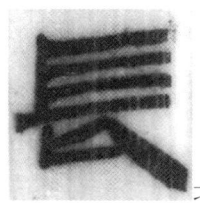

北壹・倉頡篇 4

○陵故舊長緩肆

吳簡嘉禾・五・一〇七九

○男子鄧長

廿世紀璽印二-SY

○長章

歷代印匋封泥

○長平丞印

歷代印匋封泥

○長武丞印

秦代印風

秦代印風

秦代印風

○王長

秦代印風

秦代印風

廿世紀璽印三-GY

廿世紀璽印三-SY

廿世紀璽印三-SY

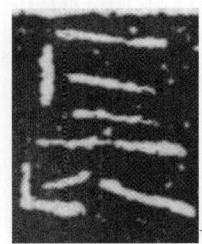

廿世紀璽印三-GY

廿世紀璽印三-GY

廿世紀璽印三-GY

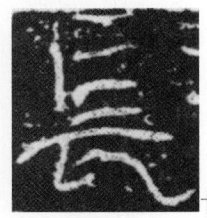

廿世紀璽印三-GY

漢晉南北朝印風

廿世紀璽印三-GY

漢晉南北朝印風

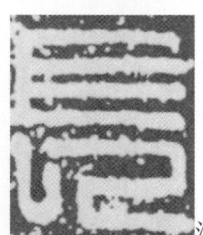

漢晉南北朝印風

○長沙僕

漢晉南北朝印風

漢晉南北朝印風

廿世紀璽印三-GP

漢晉南北朝印風

漢晉南北朝印風

漢晉南北朝印風

漢晉南北朝印風

漢晉南北朝印風

廿世紀璽印三-SY

○留長子

漢晉南北朝印風

廿世紀璽印三-SY

○魏長年

柿葉齋兩漢印萃
○長樂衛尉

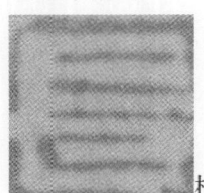

柿葉齋兩漢印萃
○□長壽印

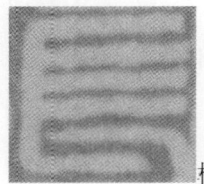

柿葉齋兩漢印萃
○圉長卿印

柿葉齋兩漢印萃
○長樂未央

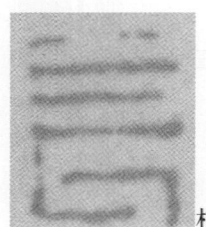

柿葉齋兩漢印萃
○江長卿印

柿葉齋兩漢印萃
○晉烏丸率善邑長

漢印文字徵

○柜長之印

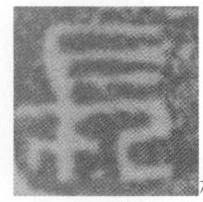

柿葉齋兩漢印萃
○晉匈奴率善佰長

歷代印匋封泥

漢代官印選

歷代印匋封泥
○鄲長之印

漢代官印選

漢代官印選
○長樂衛尉

漢代官印選

○遼西鐵官長

漢代官印選

○金城長史

漢代官印選

○當陽邑長

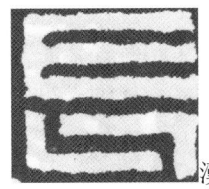

漢代官印選

○連然邑長

歷代印匋封泥

○長樂萬歲工

歷代印匋封泥

○長信私官

漢代官印選

歷代印匋封泥

○長沙都水

漢印文字徵

○漢匈奴破虜長

歷代印匋封泥

4465

漢印文字徵
○閭盧長公

漢印文字徵
○長毋傷

漢印文字徵
○長生大富

漢印文字徵
○長樂

漢印文字徵
○長利

漢印文字徵
○校長

漢印文字徵
○長利

漢印文字徵
○髳長

漢印文字徵
〇漢保塞烏桓率衆長

漢印文字徵
〇變長卿

歷代印匋封泥
〇校長

漢晉南北朝印風

漢晉南北朝印風

漢晉南北朝印風

廿世紀璽印四-SY
〇大利鮑長封

廿世紀璽印四-GY

漢晉南北朝印風

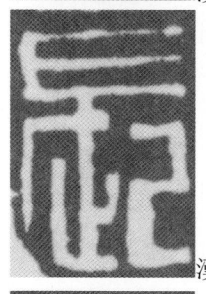

漢晉南北朝印風

漢晉南北朝印風

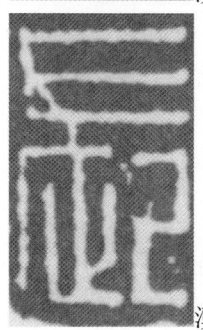

漢晉南北朝印風

漢晉南北朝印風

○劉長私印

漢晉南北朝印風

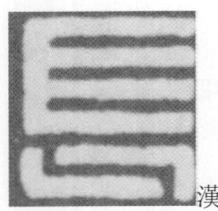

漢晉南北朝印風

漢晉南北朝印風

漢晉南北朝印風

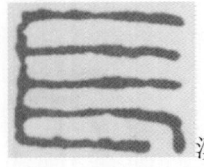

漢晉南北朝印風

漢晉南北朝印風

漢晉南北朝印風

○閭丘長孫

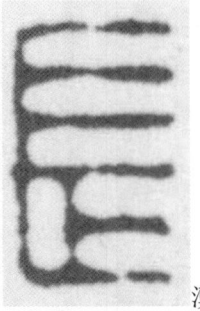

漢晉南北朝印風

詛楚文・亞駝

○長誠不敢

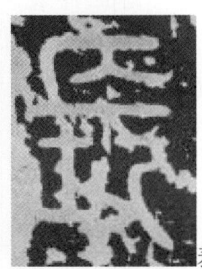

泰山刻石

西漢・李后墓塞石

○長十五尺

東漢・岐子根畫像石墓題記

○稟命不長

東漢・司馬芳殘碑額

東漢・成陽靈臺碑

東漢・李昭碑

○遷雒陽長史

東漢・曹全碑陽

東漢・夏承碑

東漢・楊淮表記

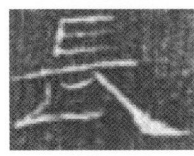

東漢・禮器碑

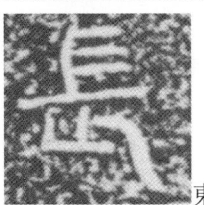

東漢・西狹頌

東漢・元嘉元年畫像石墓題記

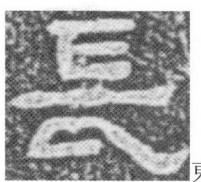

東漢・鮮於璜碑陰

○門長史九原（原）令

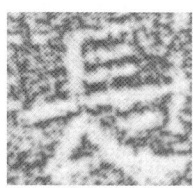

東漢・許阿瞿畫像石題記

東漢・張遷碑額

○漢故穀城長蕩

東漢・禮器碑側

東漢・張景造土牛碑

東漢・司徒袁安碑

東漢・少室石闕銘

東漢・成都永元九年闕題記

東漢・文叔陽食堂畫像石題記
東漢・洛陽黃腸石二 
東漢・洛陽黃腸石三 
東漢・洛陽黃腸石五 
東漢・洛陽黃腸石八 
東漢・元嘉元年畫像石墓題記 
東漢・元嘉元年畫像石墓題記 
東漢・司馬長元石門題記 

○西狄道司馬長元石門
東漢・任城王墓黃腸石 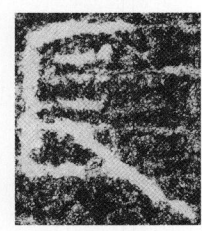
○徐長
三國魏・曹真殘碑 
三國魏・霍君神道 
三國魏・謝君神道碑 
西晉・王君神道闕 
○晉故處丘長城陽王
北魏・堯遵誌

北魏·元暐誌

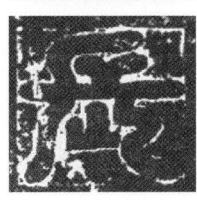

東魏·閭叱地連誌蓋

東魏·長孫冏碑額

東魏·元季聰誌蓋

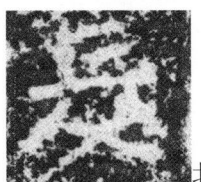

北齊·南子胤造像

○像主長南侍賓

北齊·張忻誌

北周·李府君妻祖氏誌

【肆】

《說文》：肆，極、陳也。从長隶聲。

【髟】

《說文》：髟，或从彡。

【镾】

《說文》：镾，久長也。从長爾聲。

【䬱】

《說文》：䬱，蛇惡毒長也。从長失聲。

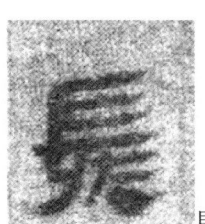

【镃】

馬壹 138_18 上/160 上

○臣故镃（差）也

馬壹 10_59 下

○卒（萃）若镃（嗟）

【䯱】

漢印文字徵

○諸䯱

【䯰】

漢印文字徵

C舒長

## 【肆】

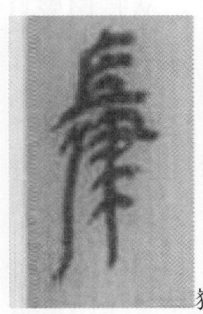

嶽·識劫案 109

C市布肆一

銀壹 875

北貳·老子 60

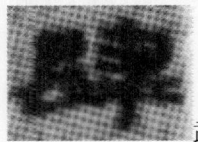

武·儀禮甲《士相見之禮》16

東牌樓 146

○肆意若無

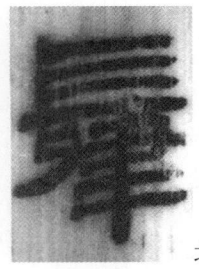

北壹·倉頡篇 4

○舊長緩肆延渙

秦代印風

○大夫肆

漢印文字徵

○田肆私印

漢印文字徵

○王肆

漢印文字徵

○竹肆

漢印文字徵
○陳肆之印

漢印文字徵
○趙肆

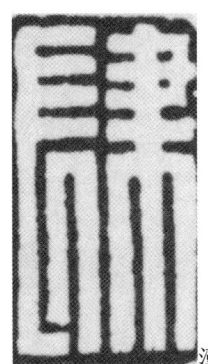

漢晉南北朝印風
○肆右賢

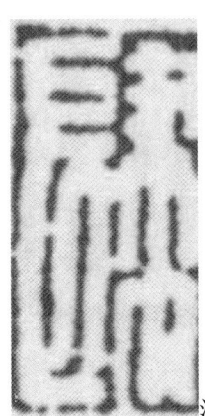

漢晉南北朝印風
○趙肆

東漢・曹全碑陽

東漢・倉頡廟碑側
○吏高陵肆六百

西晉・臨辟雍碑

西晉・石尠誌

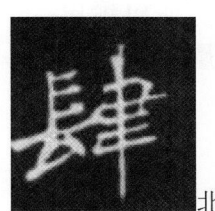

北魏・元孟輝誌

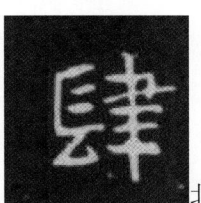

北魏・于纂誌

北魏・和邃誌蓋
○魏肆州刺史和君墓銘

北齊・徐顯秀誌
○轉肆州刺史

【牆】

張·脈書 2

C 秃養（癢）爲𤻱

# 勿部

【勿】

《說文》：勿，州里所建旗。象其柄，有三游。雜帛，幅半異。所以趣民，故遽，稱勿勿。凡勿之屬皆从勿。

【𣄴】

《說文》：𣄴，勿或从㫃。

睡·秦律十八種 27

睡·法律答問 106

睡·爲吏 31

睡·爲吏 26

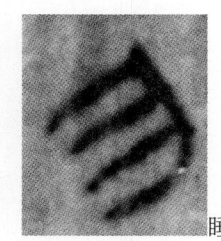

睡·日甲《土忌》142

關·病方 317

嶽·爲吏 66

嶽·芮盜案 69

4474

里·第六層 4

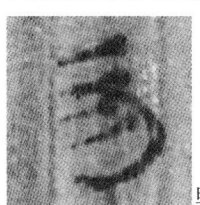

里·第八層 526

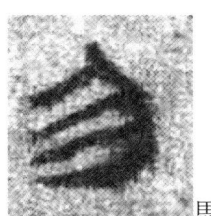

馬壹 9_55

馬貳 109_14/14

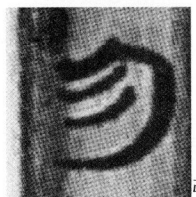

張·盜律 64

張·奏讞書 225

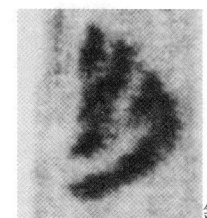

銀壹 81

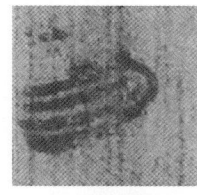

北貳·老子 118

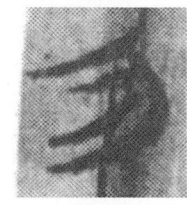

敦煌簡 1459B

金關 T10:120A

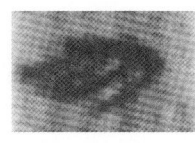

武·儀禮甲《服傳》4

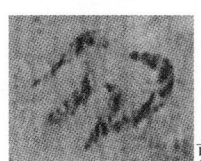

東牌樓 055 正

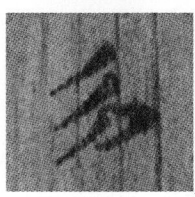

東牌樓 070 背

○數催勿忘大小改易

秦代印風

○勿半非有

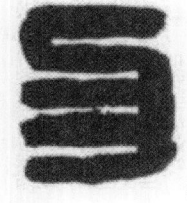

漢印文字徵
〇王勿之印

漢印文字徵
〇勿半非有

石鼓・吳人

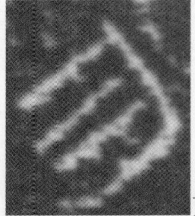

東漢・石祠堂石柱題記

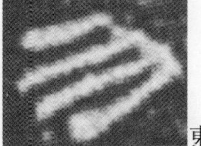

東漢・景君碑

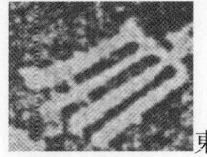

東漢・熹平石經殘石五

晉・黃庭内景經

三國魏・曹真殘碑

東晉・爨寶子碑

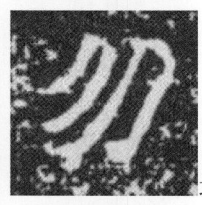

北魏・元平誌

北魏・李超誌

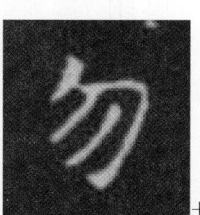

北魏・元繼誌

東魏・趙紹誌

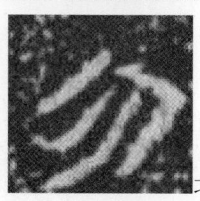

北齊・天柱山銘

北齊・斛律昭男誌

北齊・赫連子悅誌

【昜】

《說文》：昜，開也。从日、一、勿。一曰飛揚。一曰長也。一曰彊者眾皃。

睡・效律 45

里・第八層 2444

○爲□昜此□

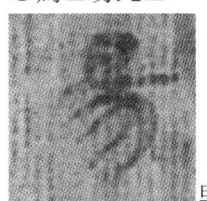

里・第八層 1514

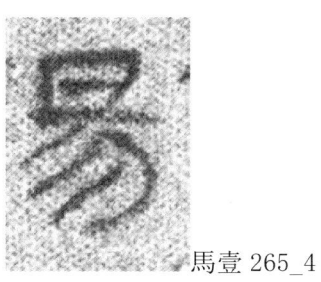

馬壹 265_4

○丁危昜（陽）翼

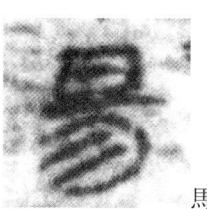

馬壹 85_142

○生弗昜（易）攻也

馬貳 205_26

○險昜（易）相取

張・奏讞書 115

○雅擾昜（易）捕

張・蓋盧 38

○人昜（易）

銀壹 341

銀貳 1070

4477

敦煌簡 1894

金關 T22:006

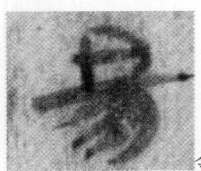

金關 T21:464

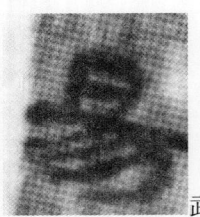

武·甲《泰射》27

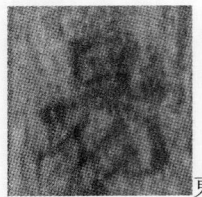

東牌樓 117 背

歷代印匋封泥

○陳得三奠（鄭）昜（陽）

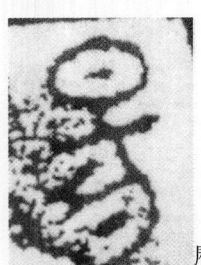

歷代印匋封泥

○陽里人只

漢印文字徵

○石昜之印

漢代官印選

漢代官印選

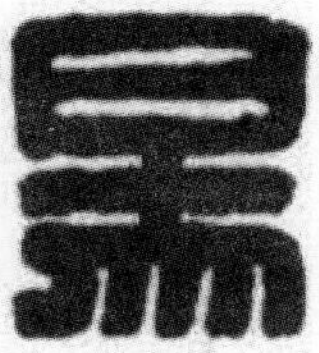

漢印文字徵

○亢昜少孺

漢印文字徵

○昜翁子印

漢印文字徵

○亢昜曼印

漢印文字徵

〇亢昜少孺

漢印文字徵

〇亢昜博印

漢晉南北朝印風

〇石昜之印

# 冄部

## 【冄（冉）】

《說文》：冄，毛冄冄也。象形。凡冄之屬皆从冄。

戰晚·十四年相邦冉戈

戰晚·五年相邦呂不韋戈一

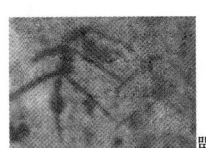

戰晚·三十二年相邦冉戈

戰晚·二十一年相邦冉戈

戰晚·二十一年相邦冉戈

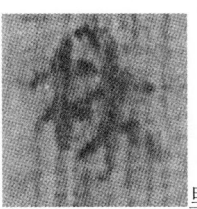

里·第八層背 157

〇隸妾冄以來ノ欣發

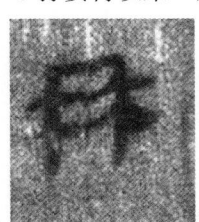

馬壹 131_13 下\90 下

〇問閭冄曰吾欲布施

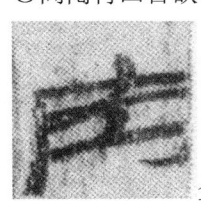

金關 T31:077

〇於齊冄子爲其母請

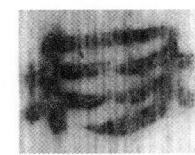

北壹·倉頡篇 17

〇冄愁

4479

秦代印風

〇匋冄

廿世紀璽印三-SY

〇文冄武印

北魏・染華誌

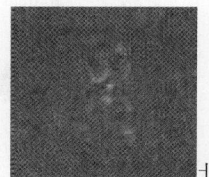

〇冄季之後

北魏・根法師碑

〇顏冄罕得比其高

# 而部

## 【而】

《說文》：而，頰毛也。象毛之形。《周禮》曰："作其鱗之而。"凡而之屬皆从而。

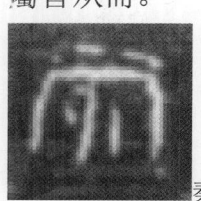

秦代・元年詔版三

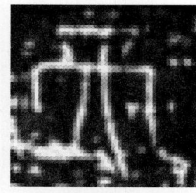

秦代・元年詔版五

秦代・二世元年詔版一

漢銘・新嘉量一

漢銘・新嘉量一

漢銘・律量籥

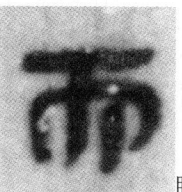

睡・語書4

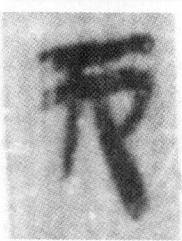

睡・秦律十八種19

睡・法律答問142

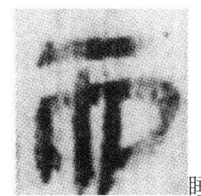

睡·日甲《盜者》75

睡·日甲《衣》121

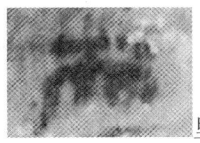

獄·為吏 42

里·第五層 6

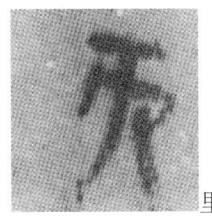

里·第八層 135

馬壹 218_106

馬壹 75_38

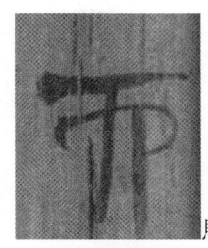

馬貳 214_30/131

張·亡律 157

○卒歲而得亦耐之

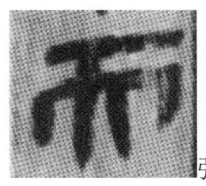

張·蓋盧 51

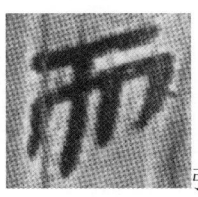

張·算數書 27

張·引書 41

○纍而更蹶

銀壹 238

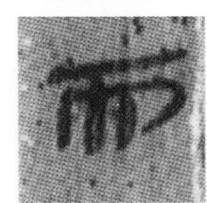

銀貳 1006

北貳·老子 114

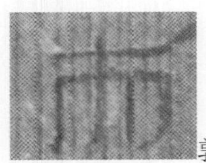

敦煌簡 1062

漢印文字徵

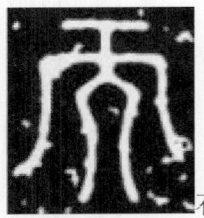

石鼓·而師

詛楚文·亞駝
○神亞駝而質焉

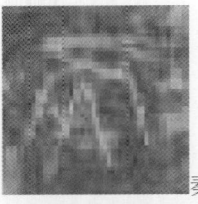

秦駰玉版

瑯琊刻石
○而金石刻辭不稱始皇帝

東漢·景君碑

東漢·少室石闕銘

東漢·西狹頌

東漢·朝侯小子殘碑

東漢·開母廟石闕銘
○昨日新而累熹

【耏】

《説文》：耏，罪不至髡也。从而从彡。

【耐】

《説文》：耐，或从寸。諸法度字从寸。

睡·秦律雜抄 36

睡·法律答問 140

4482

嶽·癸瑣案 24

里·第八層 136

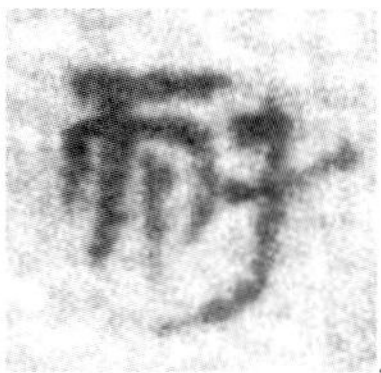

馬壹 106_82\251

張·賊律 28

張·奏讞書 158

敦煌簡 0983

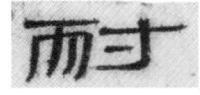

金關 T24:022

武·王杖 2

北壹·倉頡篇 10

廿世紀璽印三-SY

柿葉齋兩漢印萃

漢印文字徵

漢印文字徵

柿葉齋兩漢印萃

# 豕部

【豕】

《說文》：豕，彘也。竭其尾，故謂之豕。象毛足而後有尾。讀與豨同。

（按：今世字，誤以豕爲彖，以彖爲豕。何以明之？爲啄琢從豕，蠡從彖。皆取其聲，以是明之。）凡豕之屬皆从豕。

【豕】

《說文》：𢑚，古文。

睡·日甲《盜者》80

嶽·暨過案99

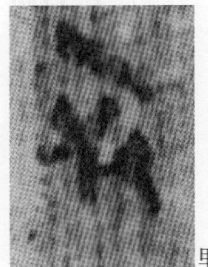

里·第八層2491

〇牡豕四

馬貳134_11/66

銀壹943

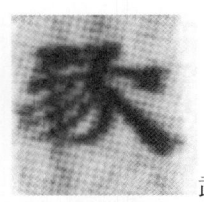

武·甲本《少牢》20

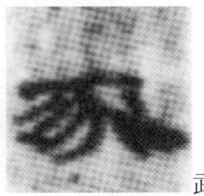

武·甲《少牢》9

漢印文字徵

〇周豕

歷代印匋封泥

〇荼豕

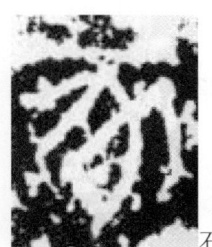

石鼓·田車

〇麋豕孔庶

東漢・封龍山頌

東漢・乙瑛碑

○河南尹給牛羊豕雞□□各一

北魏・長孫盛誌

北魏・韋彧誌

○俞氏豕韋

北周・賀屯植誌

○戮阿橋之封豕

## 【豬（猪）】

《說文》：豬，豕而三毛叢居者。从豕者聲。

睡・法律答問 50

○盜一豬論可（何）殹（也）

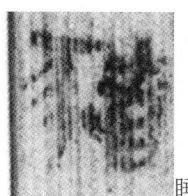

睡・封診式 76

○上如豬竇狀

睡・日甲 20

○利豬不利人

獄・芮盜賣公列地案 84

○獄史豬曰

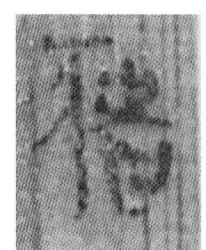

里・第八層 950

○豬犬雞

馬貳 91_464/454

敦煌簡 1462

○張豬

金關 T24:318

○俱買豬其主不肯

東牌樓 112

○豬肪十斤

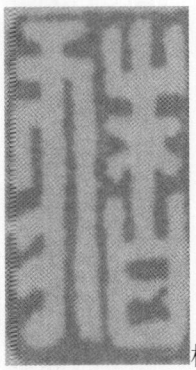

柿葉齋兩漢印萃

漢印文字徵

漢印文字徵

漢印文字徵

○長豬印

漢印文字徵

漢印文字徵

北魏·仲練妻蔡氏等造像

○孫子男豬哥膽哥

【豰】

《說文》：豰，小豚也。从豕㱿聲。

【豯】

《說文》：豯，生三月豚，腹豯豯皃也。从豕奚聲。

【豵】

《說文》：豵，生六月豚。从豕從聲。一曰一歲豵，尚叢聚也。

秦文字編 1515

【豝】

《說文》：豝，牝豕也。从豕巴聲。一曰一歲，能相把拏也。《詩》曰："一發五豝。"

【豜】

《說文》：豜，三歲豕，肩相及者。

从豕开聲。《詩》曰："並驅從兩豣兮。"

## 【豷】

《説文》：豷，羳豕也。从豕貴聲。

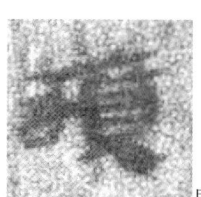

馬壹 47_5 上

馬貳 86_366/356

## 【豭】

《説文》：豭，牡豕也。从豕叚聲。

秦駰玉版

## 【豛】

《説文》：豛，上谷名豬豛。从豕，役省聲。

## 【䐣】

《説文》：䐣，豬也。从豕隋聲。

## 【豤】

《説文》：豤，齧也。从豕艮聲。

秦文字編 1516

睡·秦律十八種 8

○數無豤（墾）不

睡·秦律十八種 8

○數無豤（墾）不

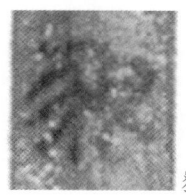

獄·為吏 71

○敗豤（墾）靡

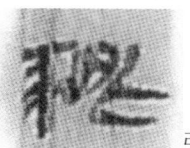

張·田律 243

○道巳（已）豤（墾）田上

銀壹 898

○富國豤（墾）草

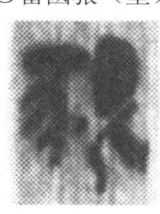

秦文字編 1516

## 【豷】

《説文》：豷，豕息也。从豕壹聲。《春秋傳》曰："生敖及豷。"

## 【豧】

《説文》：豧，豕息也。从豕甫聲。

## 【豢】

《説文》：豢，以穀圈養豕也。从豕𢍏聲。

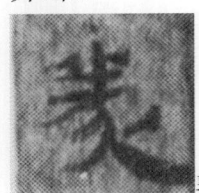

敦煌簡 0285

○兩未豢

秦駰玉版

北魏・劉賢誌

○豢龍孔甲受爵於劉

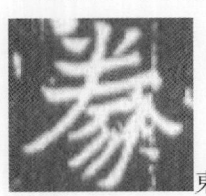

東魏・劉幼妃誌

○豢龍系緒

## 【豠】

《説文》：豠，豕屬。从豕且聲。

## 【豲】

《説文》：豲，逸也。从豕原聲。《周書》曰："豲有爪而不敢以撅。"讀若桓。

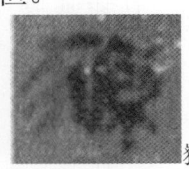

嶽・占夢書 16

○夢見豲豚狐生

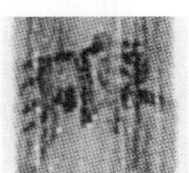

張・秩律 459

○豲道

廿世紀璽印三-GP

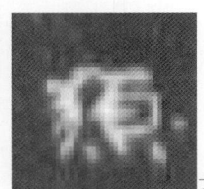

○豲道丞印

北周・尉遲運誌

○化洽豲戎

## 【豨】

《説文》：豨，豕走豨豨。从豕希聲。古有封豨脩虵之害。

馬壹 12_75 下

○見豨負

北魏・元天穆誌

○封豨寔繁

【豕】

《説文》：豕，豕絆足行豕豕。从豕繫二足。

【豦】

《説文》：豦，鬭相丮不解也。从豕、虍。豕、虍之鬭，不解也。讀若蘮蒘草之蘮。司馬相如說：豦，封豕之屬。一曰虎兩足舉。

【豙】

《説文》：豙，豕怒毛豎。一曰殘艾也。从豕、辛。

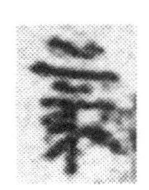

秦文字編 1516

秦文字編 1516

【豩】

《説文》：豩，二豕也。豳从此。闕。

〖豣〗

廿世紀璽印三-SY

○尹中豣印

〖猏〗

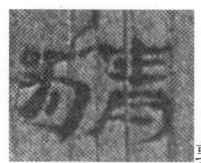

敦煌簡 1463

○張猏

〖豜〗

石鼓・車工

○射其豜蜀

# 彑部

【彑】

《説文》：彑，脩豪獸。一曰河内名豕也。从彑，下象毛足。凡彑之屬皆从彑。讀若弟。

【帇】

《説文》：帇，古文。

【彖】

《説文》：彖，籒文。

【彘】

《説文》：彘，豕屬。从彑矢聲。

【豪】

《説文》：豪，豕，鬣如筆管者。出南郡。从彑高聲。

# 【豪（豪）】

《說文》：豪，籀文从豕。

漢銘·新嘉量一

漢銘·新嘉量一

漢銘·始建國元年銅撮

漢銘·律量籥

漢印文字征

漢印文字征

馬壹·122_22 上

馬貳·141_12

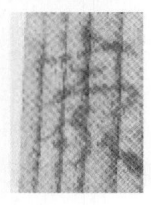

敦煌簡·0228

金關·T21_195_0

漢晉南北朝印風

漢印文字征

漢印文字征

漢印文字征

漢印文字征

東漢・元和三年畫像石題記

○世子豪

東漢・北海相景君碑陰

西晉・臨辟雍碑

北魏・緱靜誌

北魏・張列華誌

○長奉豪族

北魏・石婉誌

○豪（毫）端流璧

北魏・王僧男誌

○望帶豪胄

北魏・元敷誌

○附寸豪（毫）以申辭

東魏・王偃誌

○調風漯鼎之豪

南朝齊・秦僧猛買地券

○歸豪里

【彙】

《說文》：彙，蟲，似豪豬者。从希，胃省聲。

【蝟】

《說文》：蝟，或从虫。

東魏・李挺誌

○拔茅以彙

東魏・李憲誌

○蝟起狼顧

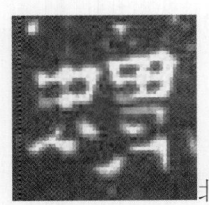

北齊·婁叡誌

【䖒】

《說文》：䖒，𢁣屬。从二𢁣。

【𢁣𢁣】

《說文》：𢁣𢁣，古文䖒。《虞書》曰："䖒類于上帝。"

# 彑部

【彑】

《說文》：彑，豕之頭。象其銳，而上見也。凡彑之屬皆从彑。讀若罽。

【彘】

《說文》：彘，豕也。後蹏發謂之彘。从彑矢聲；从二匕，彘足與鹿足同。

獄·為吏 22
○僂與彘同宮

里·第八層 2491
○牡彘一

馬貳 69_27/27
○食魚彘肉

張·田律 253
○彘食人稼穡

廿世紀璽印三-GP
○彘丞之印

漢印文字徵
○淮彘信印

漢印文字徵
○李彘

漢印文字徵
○齊彘

## 【彖】

《說文》：彖，豕也。从彑从豕。讀若弛。

馬貳 265_79/99

○彖（豕）逢（蓬）

馬貳 224_43

○彖（豕）炙一笥

金關 T32:010

○完彖六尺

漢印文字徵

○張彖私印

漢印文字徵

○彖大之印

北魏·元彬誌

○龜玉流彖

## 【彑】

《說文》：彑，豕也。从彑，下象其足。讀若瑕。

## 【彖】

《說文》：彖，豕走也。从彑，从豕省。

馬貳 265_79/99

○彖（豕）逢（蓬）

馬貳 224_43

○彖（豕）炙一笥

金關 T32:010

○完彖六尺

漢印文字徵

〇張象私印

漢印文字徵

〇象大之印

北魏・元彬誌

〇龜玉流象

# 豚部

## 【豦】

《説文》：豦，小豕也。从象省，象形。从又持肉，以給祠祀。凡豚之屬皆从豚。

## 【豚】

《説文》：豚，篆文从肉、豕。

關・病方 351

〇先侍（持）豚即言

獄・占夢書 16

〇見貒豚狐生腥

里・第八層 561

〇牝豚一

馬壹 13_88 上

馬貳 227_69

〇熬豚一笥

張・賜律 287

〇豚酒一石

銀貳 1503

金關 T10:069

秦代印風

漢印文字徵

【豯】

《說文》：豯，豚屬。从豚奚聲。讀若溪。

# 豸部

【豸】

《說文》：豸，獸長脊，行豸豸然，欲有所司殺形。凡豸之屬皆从豸。

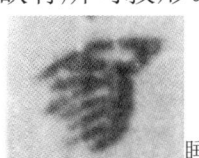

睡·日甲《詰》62
○殺蟲豸斷而能屬者

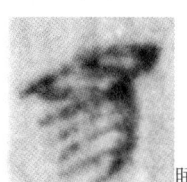

睡·日甲《詰》49
○獸虫豸甚眾

廿世紀璽印三-SP
○荼豸

【豹】

《說文》：豹，似虎，圜文。从豸勺聲。

睡·秦律雜抄 26

睡·日甲《盜者》71

嶽·占夢書 38

馬貳 286_318/337

敦煌簡 2292

○卒夏豹食三石

金關 T23:920

廿世紀璽印三-SY

○牛豹印信

廿世紀璽印三-SY

○蘇豹

漢印文字徵

○楊豹

漢印文字徵

○李豹

漢印文字徵

○豹騎司馬

漢晉南北朝印風

○豹騎司馬

漢晉南北朝印風

○樊豹

4496

東漢·司馬芳殘碑額

○中正杜縣杜豹

東漢·熹平石經殘石五

西晉·臨辟雍碑

北魏·元舉誌

北魏·李伯欽誌

○遷窆于鄴城西南豹寺東原吉遷里

北魏·唐耀誌

○雄圖豹炳

北魏·元珍誌

東魏·穆子巖誌銘

東魏·李挺誌

東魏·劉幼妃誌

北齊·范粹誌

○豹祠之西南十有五里

北周·匹婁歡誌

○龍軒豹飾

【貙】

《説文》：貙，貙獌，似貍者。从豸區聲。

睡·日甲《盜者》71

張·脈書 52

北壹·倉頡篇 56

○犛豺狼貙貍麈

北齊·徐顥秀誌

北齊·韓裔誌

○擁貙虎之師

【貚】

《説文》：貚，貙屬也。从豸單聲。

【貘】

《説文》：貘，豹屬，出貉國。从豸
㚜聲。《詩》曰："獻其貘皮。"《周書》
曰："如虎如貘。"貘，猛獸。

【豼】

《説文》：豼，或从比。

北壹·倉頡篇 28

○貔獺

秦代印風

○王貔

漢印文字徵

○王貔

【豺】

《説文》：豺，狼屬，狗聲。从豸才
聲。

睡·日甲《盜者》77

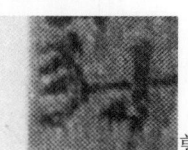

敦煌簡 1047

○翟中豺三月一日二

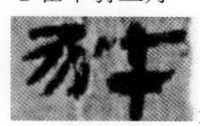

金關 T05:014

○袁豺年廿四

北壹·倉頡篇 56

○犀犛豺狼

北魏·侯剛誌

○豺狼斯遁

北魏·于景誌

北魏·尹祥誌

○豺狼逾熾

北魏·元緒誌

北魏·張正子父母鎮石

東魏·劉懿誌

○誅豺制兕

北齊·裴子誕誌

【貐】

《説文》：貐，猰貐，似貙，虎爪，食人，迅走。从豸俞聲。

【貘】

《説文》：貘，似熊而黃黑色，出蜀中。从豸莫聲。

北壹·倉頡篇 38

○貘贙麖欻

【獹】

《説文》：獹，猛獸也。从豸庸聲。

【貜】

《説文》：貜，纱貜也。从豸矍聲。

【豠】

《説文》：豠，獸，無前足。从豸出聲。《漢律》：“能捕豺豠，購百錢。”

【貊】

《説文》：貊，似狐，善睡獸。从豸舟聲。《論語》曰：“狐貊之厚以居。”

秦文字編 1518

【豻】

《説文》：豻，胡地野狗。从豸干聲。

【犴】

《説文》：犴，豻或从犬。《詩》曰："宜犴宜獄。"

睡·日甲《盜者》71

○虎豻貙豹申

北壹·倉頡篇56

○貙貍麈豻麕□

東魏·李憲誌

○獄犴蕭條

【貂】

《説文》：貂，鼠屬。大而黃黑，出胡丁零國。从豸召聲。

北魏·爾朱紹誌

北魏·元彝誌

北魏·侯剛誌

北魏·元子直誌

北魏·元祐誌

○珥貂霞閣

北魏·元嵩誌

○聯貂二主

東魏·高盛碑

北齊·高湆誌

【貉】

《説文》：貉，北方豸穜。从豸各聲。孔子曰："貉之爲言惡也。"

睡·法律答問195

4500

睡·日甲《盜者》77

北壹·倉頡篇 11

○侵試胡貉離絕

漢印文字徵

漢印文字徵

漢印文字徵

漢晉南北朝印風

漢晉南北朝印風

【貆】

《說文》：貆，貉之類。从豸亘聲。

【貍】

《說文》：貍，伏獸，似貙。从豸里聲。

睡·法律答問 77

睡·法律答問 121

關·病方 328

貍貳 130_40

張·算數書 34

銀貳 1872

敦煌簡 2129

金關 T26:182

北壹·倉頡篇 56

○豺狼貙貍麈豻

【貒】

《說文》：貒，獸也。从豸耑聲。讀若湍。

【貛】

《說文》：貛，野豕也。从豸雚聲。

【豹】

《說文》：豹，鼠屬。善旋。从豸穴聲。

【貓】

《說文》：貓，貍屬。从豸苗聲。

【狄】

秦文字編 1519

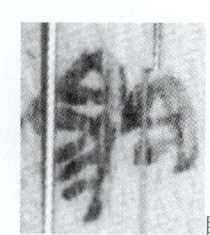

【豸】

睡·日甲《夢》13

○豸某有惡菩

【豾】

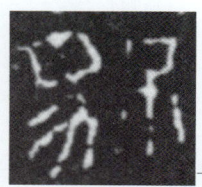

廿世紀璽印三-SY

○豾同

【貊】

北魏·元朗誌

○東連肅貊之左

〖貄〗

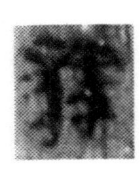

秦文字編 1519

〖豤〗

銀貳 1073

敦煌簡 2434

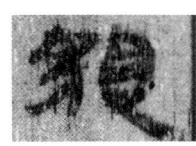

金關 T28:070

北壹·倉頡篇 2

○孫褎俗豤鷔吉

〖貖〗

秦文字編 1519

# 嵒部

【嵒】

《說文》：嵒，如野牛而青。象形。與禽、离頭同。凡嵒之屬皆从嵒。

【兕】

《說文》：兕，嵒古文从几。

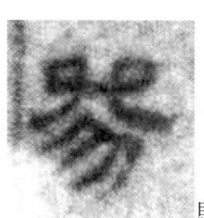

馬壹 142_12/186 上

○不辟（避）嵒虎

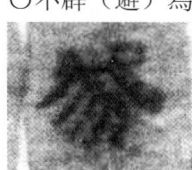

馬壹 142_12/186 上

○不辟（避）嵒虎

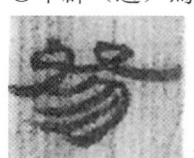

北貳·老子 35

○不避嵒虎

東漢·孔宙碑陽

○帥彼兕（凶）人

北魏·元彧誌

東魏·劉懿誌

○誅豺制兇

東魏·元悰誌

○誅豺制兇

北齊·劉悅誌

○殲兇徒林

## 易部

【易】

《說文》：易，蜥易，蝘蜓，守宮也。象形。《祕書》說：日月爲易，象陰陽也。一曰从勿。凡易之屬皆从易。

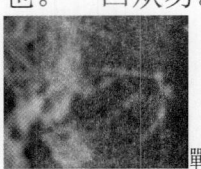

戰中·王八年内史操戈

西晚·不其簋

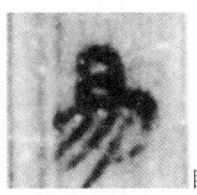

睡·語書10

睡·效律44

馬壹16_4下\97下

馬貳34_32上

北貳·老子72

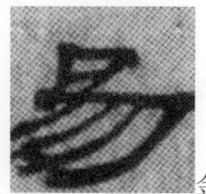

金關T30:031

武·甲《少牢》38

4504

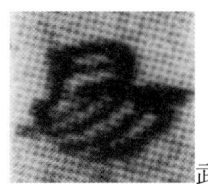

武·甲《少牢》38

北壹·倉頡篇 48

〇嘉臧貿易買販

廿世紀璽印二-GP

〇易安都王卩鍴

漢印文字徵

〇鄲易

漢印文字徵

〇易陽丞印

歷代印匋封泥

〇易陽丞印

東漢·成陽靈臺碑

東漢·夏承碑

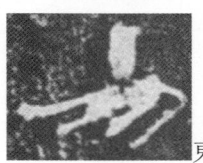

東漢·孔宙碑陽

三國魏·三體石經尚書·篆文

〇命不易天難忱乃其隧命弗

三國魏·三體石經尚書·古文

〇命不易天

北魏·元孟輝誌

4505

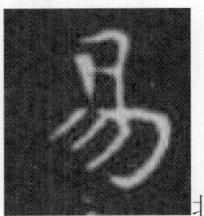

北魏・元徽誌

北魏・元懷誌

馬壹 101_133

馬貳 247_292

# 象部

## 【象】

《説文》：象，長鼻牙，南越大獸，三季一乳，象耳牙四足之形。凡象之屬皆从象。

睡・為吏 17

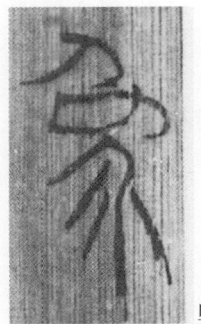

里・第八層 1556

銀壹 350

銀貳 2014

北貳・老子 216

北貳・老子 14

敦煌簡 0387
○象川下乾上

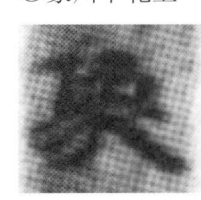

武·甲《燕禮》19

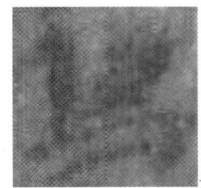

吳簡嘉禾·五·四一五

吳簡嘉禾·五·四九二
○光象佃田三町凡

吳簡嘉禾·五·一〇六三

東漢·成陽靈臺碑

西晉·臨辟雍碑

北魏·元顯俊誌

北魏·王神虎造像

北魏·元彦誌
○二象垂輝

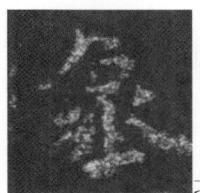

北魏·元祐造像
○將何以依稀至象

北魏·元暐誌

北魏·元弼誌

東魏·廣陽元湛誌
○既而日月成象

東魏·高盛碑

○圖象易滅

東魏·吳叔悅造像

東魏·高湛誌

北齊·道勝造像

北齊·□德造像

北齊·唐邕刻經記

○象載未勝

北齊·狄湛誌

○元象元年

北齊·楊廣濟造像

○楊廣濟爲亡息子善造白玉象一區

北周·李雄誌

○大周大象

北周·梁嗣鼎誌

北周·李府君妻祖氏誌

北周·張子開造像

○邁於玄象之表至

南朝梁・王世成造象

【豫】

《說文》：豫，象之大者。賈侍中說：不害於物。从象予聲。

【豫】

《說文》：豫，古文。

戰晚・囗年相邦呂不韋戈

漢銘・上林豫章觀銅鑒

馬貳 219_36/47

張・脈書 56

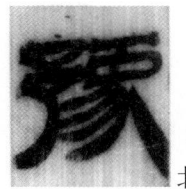

北壹・倉頡篇 46
○奮光顯豫錄恢

歷代印匋封泥
○豫章南昌連率

漢印文字徵
○廬江豫守

漢印文字徵
○董豫

漢印文字徵
○左子豫印

漢印文字徵
○成功豫印

漢印文字徵
○豫章南昌連率

漢印文字徵
○豫章太守章

漢印文字徵
○豫章守印

漢代官印選
○豫章都尉

漢印文字徵
○王君豫宜子孫

漢晉南北朝印風
○左子豫印

東漢・石門頌

東漢・曹全碑陽

東漢・司馬芳殘碑

三國魏・曹真殘碑

東晉・謝鯤誌

北魏・元彥誌

北魏・薛慧命誌

北魏・辛穆誌
○父真道豫州主簿

北魏·胡明相誌

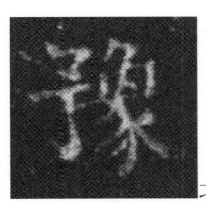

北魏·侯愔誌

北魏·元新成妃李氏誌

○風儀容豫

北魏·元瑒誌蓋

北魏·元侚誌

○豫州刺史

北魏·元詳誌

○諱詳字季豫

北魏·石婉誌

北魏·司馬顯姿誌

北齊·李雲誌蓋

○齊故豫州刺史李公銘

北齊·張海翼誌

北齊·斛律氏誌

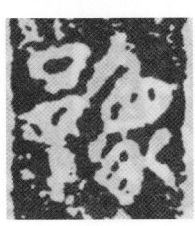

南朝宋·宋乞誌

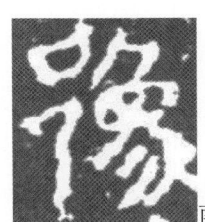

南朝宋·宋乞誌